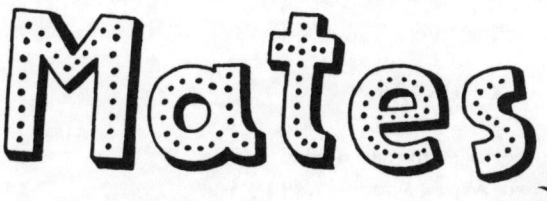

Mates per a NINGES

ANDREW JENNINGS

TRADUCCIÓ DE NÚRIA ARTIGAS

Estrella Polar

Estrella Polar

Títol original: *Maths Like a Ninja*
© del text, Andrew Jennings, 2024
© de les il·lustracions, Andrew Jennings, 2024
© de la traducció, Núria Artigas, 2024
La traducció de *Maths Like a Ninja* ha estat publicada en col·laboració amb Bloomsbury Publishing Plc.

© d'aquesta edició: Edicions 62, S. A, 2024
Estrella Polar, Av. Diagonal, 662-664, 08034 Barcelona
www.estrellapolar.cat
info@estrellapolar.cat

Primera edició: maig del 2024
ISBN: 978-84-1389-839-1
Dipòsit legal: B. 7.771-2024
Imprès a Catalunya

El paper d'aquest llibre prové de boscos gestionats de manera sostenible i de fonts controlades.

Índex

Continuació de l'índex

1 Nombres i valor posicional

Numerals i paraules fins al 10, el 20, el 100 i el 1.000.000

Fins al 20 amb una paraula

0 – zero	11 – onze
1 – un	12 – dotze
2 – dos	13 – tretze
3 – tres	14 – catorze
4 – quatre	15 – quinze
5 – cinc	16 – setze
6 – sis	17 – disset
7 – set	18 – divuit
8 – vuit	19 – dinou
9 – nou	20 – vint
10 – deu	

Fins al 100 amb desenes

10 – deu
20 – vint
30 – trenta
40 – quaranta
50 – cinquanta
60 – seixanta
70 – setanta
80 – vuitanta
90 – noranta
100 – cent

Fins al 1.000.000

10 – deu	10.000 – deu mil
100 – cent	100.000 – cent mil
1.000 – mil	1.000.000 – un milió

Quadrat de la centena

Aquí tens tots els números fins al 100.

1	2	3	4	5	6	7	8	9	10
11	12	13	14	15	16	17	18	19	20
21	22	23	24	25	26	27	28	29	30
31	32	33	34	35	36	37	38	39	40
41	42	43	44	45	46	47	48	49	50
51	52	53	54	55	56	57	58	59	60
61	62	63	64	65	66	67	68	69	70
71	72	73	74	75	76	77	78	79	80
81	82	83	84	85	86	87	88	89	90
91	92	93	94	95	96	97	98	99	100

CONSELL DE NINJA:

↓ Si baixes 1 espai, n'hi sumes **10**.

↑ Si puges 1 espai, n'hi restes **10**.

→ Si et mous 1 espai a la dreta, n'hi sumes **1**.

← Si et mous 1 espai a l'esquerra, n'hi restes **1**.

Rectes numèriques

Recta numèrica del 0 al 10, comptant d'un en un

| 0 | 1 | 2 | 3 | 4 | 5 | 6 | 7 | 8 | 9 | 10 |

Recta numèrica del 0 al 20, comptant de dos en dos

| 0 | 2 | 4 | 6 | 8 | 10 | 12 | 14 | 16 | 18 | 20 |

Recta numèrica del 0 al 30, comptant de tres en tres

| 0 | 3 | 6 | 9 | 12 | 15 | 18 | 21 | 24 | 27 | 30 |

Recta numèrica del 0 al 40, comptant de quatre en quatre

| 0 | 4 | 8 | 12 | 16 | 20 | 24 | 28 | 32 | 36 | 40 |

Recta numèrica del 0 al 50, comptant de cinc en cinc

| 0 | 5 | 10 | 15 | 20 | 25 | 30 | 35 | 40 | 45 | 50 |

Recta numèrica del 0 al 60, comptant de sis en sis

| 0 | 6 | 12 | 18 | 24 | 30 | 36 | 42 | 48 | 54 | 60 |

Rectes numèriques (continuació)

Recta numèrica del 0 al 70, comptant de set en set

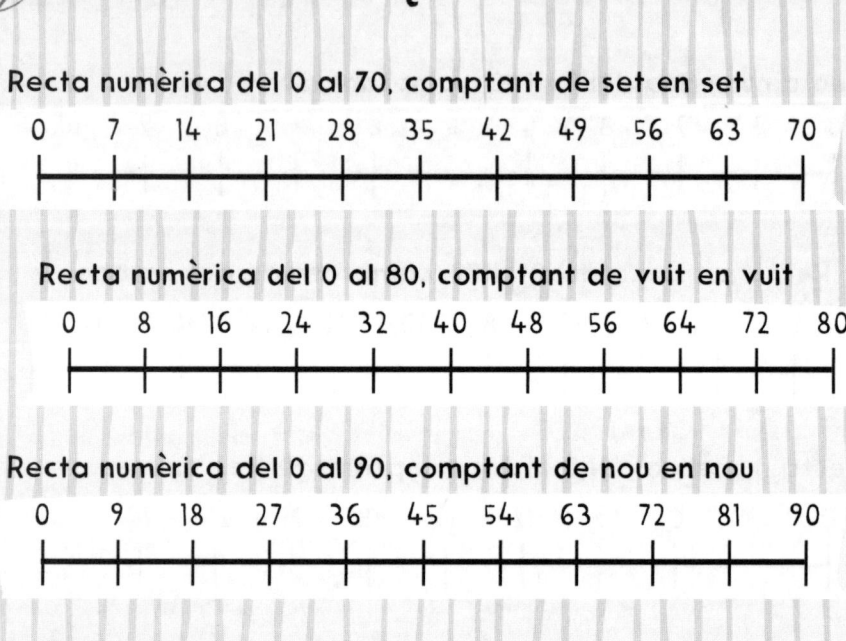

| 0 | 7 | 14 | 21 | 28 | 35 | 42 | 49 | 56 | 63 | 70 |

Recta numèrica del 0 al 80, comptant de vuit en vuit

| 0 | 8 | 16 | 24 | 32 | 40 | 48 | 56 | 64 | 72 | 80 |

Recta numèrica del 0 al 90, comptant de nou en nou

| 0 | 9 | 18 | 27 | 36 | 45 | 54 | 63 | 72 | 81 | 90 |

Recta numèrica del 0 al 100, comptant de deu en deu

| 0 | 10 | 20 | 30 | 40 | 50 | 60 | 70 | 80 | 90 | 100 |

Recta numèrica del 0 al 110, comptant d'onze en onze

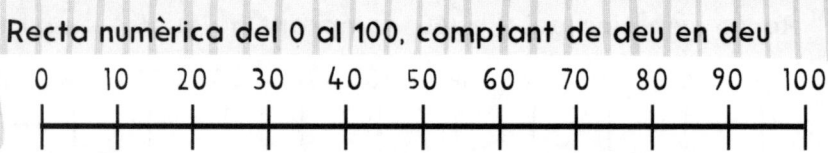

| 0 | 11 | 22 | 33 | 44 | 55 | 66 | 77 | 88 | 99 | 110 |

Recta numèrica del 0 al 120, comptant de dotze en dotze

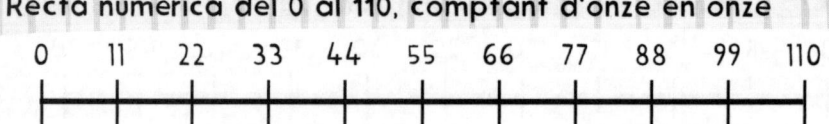

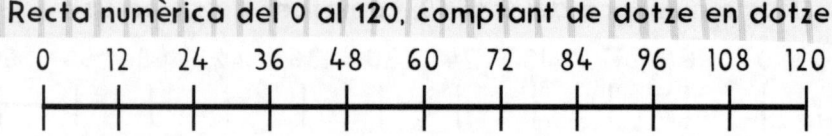

| 0 | 12 | 24 | 36 | 48 | 60 | 72 | 84 | 96 | 108 | 120 |

Recta numèrica de nombres negatius i decimals

Recta numèrica comptant d'un en un a totes dues bandes del 0

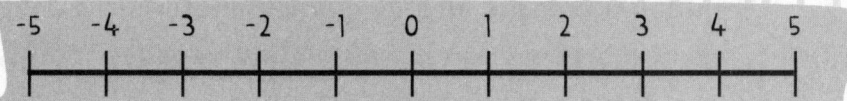

Recta numèrica comptant de dos en dos
a totes dues bandes del 0

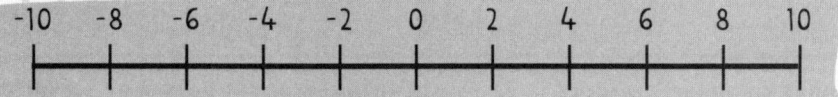

Recta numèrica comptant de cinc en cinc
a totes dues bandes del 0

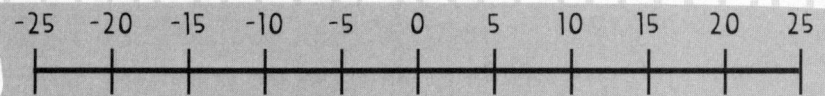

Recta numèrica comptant de deu en deu
a totes dues bandes del 0

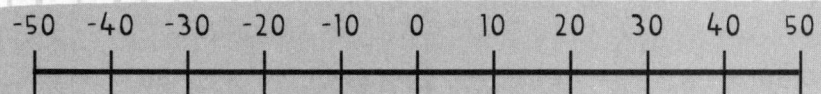

Recta numèrica comptant de vint en vint
a totes dues bandes del 0

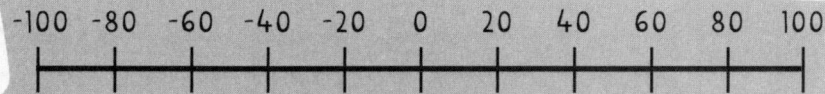

Recta numèrica de nombres decimals entre el 0 i l'1,
comptant en desenes

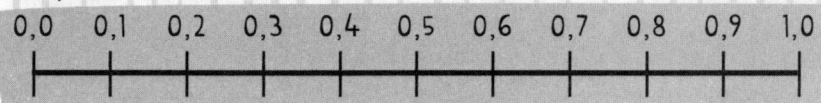

Quadrícula del valor posicional

Les quadrícules del valor posicional ens ajuden a comprendre de quina manera els nombres es fan 10, 100 o 1.000 vegades més grans o més petits.

Desenes de miler	Milers	Centenes	Desenes	Unitats
Dm	M	C	D	U
2 (= 20.000)	2 (= 2.000)	2 (= 200)	2 (= 20)	2 (= 2)
4 (= 40.000)	6 (= 6.000)	3 (= 300)	1 (= 10)	5 (= 5)
9 (= 90.000)	7 (= 7.000)	8 (= 800)	8 (= 80)	2 (= 2)

CONSELL DE NINJA:

Cada vegada que un dígit es mou una columna cap a l'esquerra, es fa 10 vegades més gran. Això implica multiplicar (x).

Decimal	Desenes	Centenes	Milers	En total
,	D	C	M	
,	2 (= 0,2)	2 (= 0,02)	2 (= 0,002)	22.222,222
,	2 (= 0,2)	9 (= 0,09)	1 (= 0,001)	46.315,291
,	4 (= 0,4)	3 (= 0,03)	7 (= 0,007)	97.882,437

CONSELL DE NINJA:

Cada vegada que un dígit es mou una columna cap a la dreta, es fa 10 vegades més petit. Això implica dividir.

Més gran que 〉
Més petit que 〈
Igual =

Aquests símbols ens permeten comparar els nombres.
Els símbols ens permeten mostrar:

. Quin nombre és més gran.
. Quin nombre és més petit.
. Si els nombres tenen el mateix valor.

〉	=	〈
més gran que	igual	més petit que

CONSELL DE NINJA:

Recorda que la part amb l'espai del símbol
més gran correspon al nombre més gran.

= significa que tenen el mateix valor. Que fàcil!

Exemples:

4 〈 7   3 〈 12   6 = 6   14 〉 7

Arrodoniment

Quan arrodoneixis, sovint et demanaran que ho facis al nombre més proper a 10, 100, 1.000 o 10.000.

Pas 1

Encercla el valor posicional al qual t'han demanat que arrodoneixis.

Al més proper a 10	Al més proper a 100	Al més proper a 1.000
2.6⑤2	2.⑥52	②.652

Pas 2

Subratlla el dígit que hi ha la dreta del dígit que has encerclat.

Al més proper a 10	Al més proper a 100	Al més proper a 1.000
2.6⑤2	2.⑥52	②.652

Pas 3

Si el dígit que has subratllat és 4 o més petit, el dígit encerclat queda igual.

Si el dígit que has subratllat és 5 o més gran, al dígit encerclat se n'hi ha de sumar 1.

Al més proper a 10	Al més proper a 100	Al més proper a 1.000
2.6⑤2	2.⑦52	③.652

Pas 4

Canvia els dígits que hi ha a la dreta del dígit encerclat per un zero.

Al més proper a 10	Al més proper a 100	Al més proper a 1.000
2.6⑤0	2.⑦00	③.000

Estimació

Estimar, en contextos matemàtics, significa proporcionar la millor aproximació, no pas una resposta exacta. Per estimar, se sol arrodonir a 10, 100 o 1.000 perquè són més fàcils de calcular.

Arrodoniment al 10 més proper

Exacte	Estimació
2 4 2	2 4 0
+ 2 6	+ 3 0
2 6 8	2 7 0

Arrodoniment al 100 més proper

Exacte	Estimació
5 8 7	6 0 0
- 2 3 1	- 2 0 0
3 5 6	4 0 0

Números romans

Els números romans són una manera diferent d'escriure els nombres.

1	I	11	XI	50	L
2	II	12	XII	100	C
3	III	13	XIII	500	D
4	IV	14	XIV	1,000	M
5	V	15	XV		
6	VI	16	XVI		
7	VII	17	XVII		
8	VIII	18	XVIII		
9	IX	19	XIX		
10	X	20	XX		

Si un nombre més petit es troba després d'un de més gran, suma'l al nombre més gran.

Exemple: VI   V = 5   I = 1   5 + 1 = 6   VI = 6

Si un nombre més petit es troba abans d'un de més gran, resta'l del nombre més gran.

Exemple: IV   5 - 1 = 4   IV = 4

Fet matemàtic ninja

Els números romans es poden fer servir per representar els anys. MMXXII és el 2022.

Fet matemàtic ninja

Els números romans se solen fer servir als rellotges de sol, així que pot ser que te'ls trobis en parlar de les hores.

Múltiples

El múltiple d'un nombre és el que obtens quan multipliques
aquest nombre per un enter (nombre sencer). És a dir,
el múltiple d'un nombre és el resultat de comptar a partir
d'aquell nombre cada vegada, per exemple, 5, 10, 15, 20...
El resultat s'anomena producte. Els múltiples són els nombres
que formen la taula de multiplicar d'aquell nombre.

x	1	2	3	4	5	6	7	8	9	10	11	12
1	1	2	3	4	5	6	7	8	9	10	11	12
2	2	4	6	8	10	12	14	16	18	20	22	24
3	3	6	9	12	15	18	21	24	27	30	33	36
4	4	8	12	16	20	24	28	32	36	40	44	48
5	5	10	15	20	25	30	35	40	45	50	55	60
6	6	12	18	24	30	36	42	48	54	60	66	72
7	7	14	21	28	35	42	49	56	63	70	77	84
8	8	16	24	32	40	48	56	64	72	80	88	96
9	9	18	27	36	45	54	63	72	81	90	99	108
10	10	20	30	40	50	60	70	80	90	100	110	120
11	11	22	33	44	55	66	77	88	99	110	121	132
12	12	24	36	48	60	72	84	96	108	120	132	144

Factors

Un factor és un nombre que en divideix un altre sense que quedi cap residu.

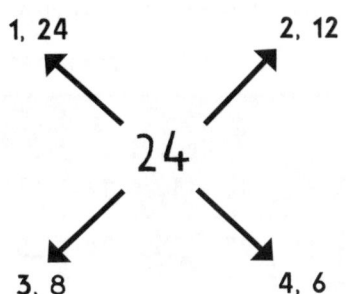

1, 24   2, 12

24

3, 8   4, 6

A l'hora de trobar factors, és útil repassar-los per ordre. intenta-ho fent 1 x, tot seguit 2 x, després 3 x, i així successivament.

CONSELL DE NINJA:

A l'hora de trobar factors, aquests van en parella. Quan divideixes un nombre per un factor, el resultat és un altre factor. Exemple: $24 \div 12 = 2$. Per tant, 12 i 2 són una parella de factors.

Els nombres quadrats són una parella de factors del mateix nombre, per exemple, $36 \div 6 = 6$, per això en aquest cas només enumeres el nombre un cop.

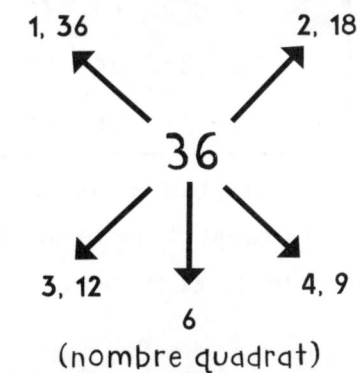

1, 36   2, 18

36

3, 12   4, 9

6
(nombre quadrat)

Nombres primers

Els **nombres primers** només són divisibles per l'1 i per ells mateixos. Només tenen dos factors, que s'anomenen **factors primers**. Els **nombres compostos** tenen més de dos factors.

1	2	3	4	5	6	7	8	9	10
11	12	13	14	15	16	17	18	19	20
21	22	23	24	25	26	27	28	29	30
31	32	33	34	35	36	37	38	39	40
41	42	43	44	45	46	47	48	49	50
51	52	53	54	55	56	57	58	59	60
61	62	63	64	65	66	67	68	69	70
71	72	73	74	75	76	77	78	79	80
81	82	83	84	85	86	87	88	89	90
91	92	93	94	95	96	97	98	99	100

Exemples: el 7 només té dos factors (ell mateix i l'1). És un nombre primer. El 14 té quatre factors (l'1, el 2, el 7 i el 14). És un nombre compost.

CONSELL DE NINJA:

A banda del nombre 2, la resta de nombres parells no poden ser nombres primers perquè es poden dividir entre 2. Això significa que com a mínim tenen tres factors: l'1, ells mateixos i el 2.

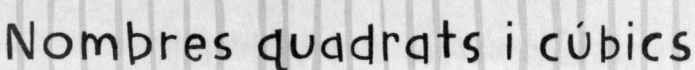

Nombres quadrats i cúbics

Un **nombre quadrat** és un nombre que es multiplica per ell mateix. Per exemple, 4^2 significa 4 x 4.

1^2 = 1 x 1 = 1 5^2 = 5 x 5 = 25 9^2 = 9 x 9 = 81

2^2 = 2 x 2 = 4 6^2 = 6 x 6 = 36 10^2 = 10 x 10 = 100

3^2 = 3 x 3 = 9 7^2 = 7 x 7 = 49 11^2 = 11 x 11 = 121

4^2 = 4 x 4 = 16 8^2 = 8 x 8 = 64 12^2 = 12 x 12 = 144

Un **nombre cúbic** és un nombre que es multiplica per ell mateix dues vegades. Per exemple, 4^3 significa 4 x 4 x 4.

1^3 = 1 x 1 x 1 = 1 7^3 = 7 x 7 x 7 = 343

2^3 = 2 x 2 x 2 = 8 8^3 = 8 x 8 x 8 = 512

3^3 = 3 x 3 x 3 = 27 9^3 = 9 x 9 x 9 = 729

4^3 = 4 x 4 x 4 = 64 10^3 = 10 x 10 x 10 = 1.000

5^3 = 5 x 5 x 5 = 125 11^3 = 11 x 11 x 11 = 1.331

6^3 = 6 x 6 x 6 = 216 12^3 = 12 x 12 x 12 = 1.728

PODMAR / PIDMAR

PODMAR i PIDMAR són acrònims que ens ajuden a recordar l'ordre correcte per dur a terme operacions de càlcul. Les operacions són accions, com ara sumar i restar.

P	O	D	M	A	R
Parèntesis	Ordre	Dividir	Multiplicar	Afegir	Restar
( )	$\sqrt{x}$ o x^2	÷	×	+	−

P	I	D	M	A	R
Parèntesis	Índexs	Dividir	Multiplicar	Afegir	Restar
( )	$\sqrt{x}$ o x^2	÷	×	+	−

Fet matemàtic ninja

Els PODMAR i els PIDMAR van d'esquerra a dreta. ÷ i × són iguals en l'ordre. Si tots dos apareixen en un enunciat, els has de fer en l'ordre en què apareixen. Passa el mateix amb + i −.

Intenta reescriure els càlculs fins que només tinguis dos nombres i una operació.

Exemple: $2^2 + 4 \times 3 = ?$

$4 + 4 \times 3 = ?$

$4 + 12 = 16$

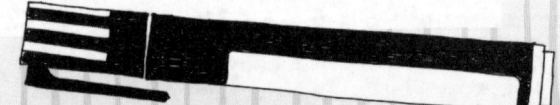

2

Sumes i restes

Vocabulari de les sumes i les restes

SUMA: +

més	combinar	augmentat en
afegir	tot junt	més que
sumar		

Parts de la suma

$$2 + 3 = 5$$

sumand   operador   sumand   suma o total

RESTA: —

menys	deduir	diferència entre
restar	menys que	
emportar-se	decréixer	

Parts de la resta

$$5 - 1 = 4$$

minuend   operador   subtrahend   diferència

Vincles numèrics de les sumes i les reste

3
2   1

2 + 1 = 3
1 + 2 = 3
3 − 1 = 2
3 − 2 = 1

4
1   3

1 + 3 = 4
3 + 1 = 4
4 − 1 = 3
4 − 3 = 1

5
2   3

2 + 3 = 5
3 + 2 = 5
5 − 2 = 3
5 − 3 = 2

6
2   4

2 + 4 = 6
4 + 2 = 6
6 − 2 = 4
6 − 4 = 2

7
4   3

4 + 3 = 7
3 + 4 = 7
7 − 3 = 4
7 − 4 = 3

8
5   3

5 + 3 = 8
3 + 5 = 8
8 − 3 = 5
8 − 5 = 3

9
7   2

7 + 2 = 9
2 + 7 = 9
9 − 2 = 7
9 − 7 = 2

9
5   4

5 + 4 = 9
4 + 5 = 9
9 − 4 = 5
9 − 5 = 4

10
7   3

7 + 3 = 10
3 + 7 = 10
10 − 7 = 3
10 − 3 = 7

Els vincles numèrics són parelles de nombres
que se sumen per obtenir un altre nombre.

12
7   5
7 + 5 = 12
5 + 7 = 12
12 − 7 = 5
12 − 5 = 7

13
7   6
7 + 6 = 13
6 + 7 = 13
13 − 6 = 7
13 − 7 = 6

14
9   5
9 + 5 = 14
5 + 9 = 14
14 − 5 = 9
14 − 9 = 5

15
7   8
7 + 8 = 15
8 + 7 = 15
15 − 7 = 8
15 − 8 = 7

16
12   4
12 + 4 = 16
4 + 12 = 16
16 − 12 = 4
16 − 4 = 12

17
9   8
9 + 8 = 17
8 + 9 = 17
17 − 9 = 8
17 − 8 = 9

18
13   5
13 + 5 = 18
5 + 13 = 18
18 − 5 = 13
18 − 13 = 5

19
11   8
11 + 8 = 19
8 + 11 = 19
19 − 11 = 8
19 − 8 = 11

20
13   7
13 + 7 = 20
7 + 13 = 20
20 − 7 = 13
20 − 13 = 7

Vincles numèrics del 10: quadrícula de desenes

0 + 10 = 10

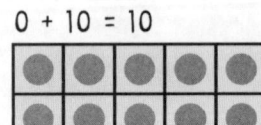

1 + 9 = 10

2 + 8 = 10

3 + 7 = 10

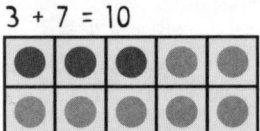

4 + 6 = 10

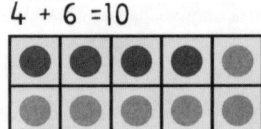

6 + 4 = 10

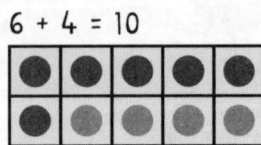

7 + 3 = 10

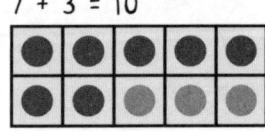

8 + 2 = 10

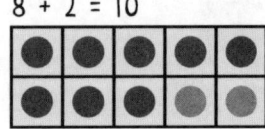

9 + 1 = 10

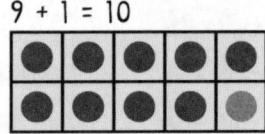

10 + 0 = 10

5 + 5 = 10

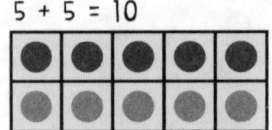

Estratègia de suma: recta numèrica i fraccionament

El fraccionament és la divisió del nombre en parts més petites perquè sigui més fàcil treballar-hi.

Pas 1
Dibuixa una recta numèrica i col·loca-hi un 0 a l'inici.

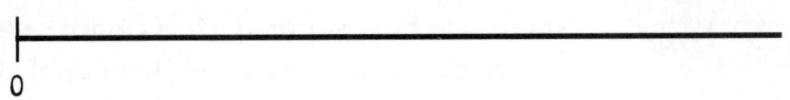

Pas 2
Afegeix-hi el primer nombre del problema. Exemple: 32 + 14 = ?

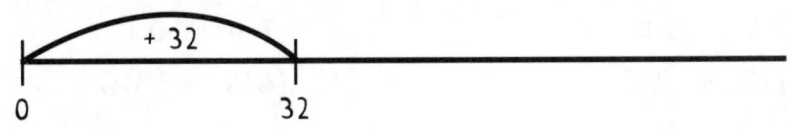

Pas 3
Fracciona el segon nombre en quantitats més petites, que siguin més fàcils de sumar. Afegeix-hi les parts separades quan toqui.

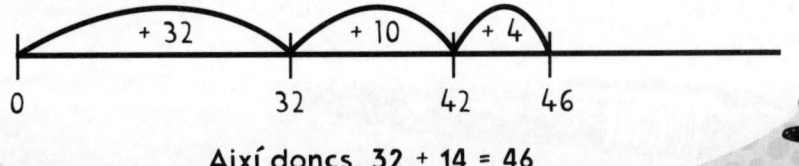

Així doncs, 32 + 14 = 46.

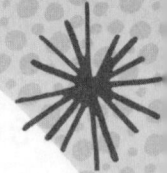

Estratègia de suma: fraccionament i anotacions

L'estratègia del fraccionament i les anotacions implica fer servir la teva comprensió del valor posicional per separar els nombres. A l'exemple pots veure que hem separat –fraccionat– els valors de cada nombre i els hem anotat.

En separar els nombres en desenes i unitats, és més fàcil fer la suma sumant primer les desenes i després les unitats; finalment, se sumen aquestes quantitats.

Exemples:

D U   D U

②6 + ③2

20   6   30   2

Desenes (D) = 20 + 30 = 50

Unitats (U) = 6 + 2 = 8

50 + 8 = 58

D U   D U

④5 + ③6

40   5   30   6

Desenes (D) = 40 + 30 = 70

Unitats (U) = 5 + 6 = 11

70 + 11 = 81

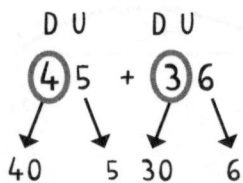

Has de començar sempre
per la columna de la dreta,
i després anar sumant-hi
les següents, de dreta
a esquerra.

Estratègia de suma: addició en columnes

Les addicions en columnes t'ajudaran
a sumar nombres més grans.

Pas 1

Suma la columna de les unitats
i escriu-ne el resultat a sota.

```
  D U
  3 4
+ 2 5
─────
    9
```

Pas 2

Suma la columna de les desenes
i escriu-ne el resultat a sota.

```
  D U
  3 4
+ 2 5
─────
  5 9
```

Si les unitats sumen 10 o més, el nombre tindrà desenes i
unitats. Si aquest és el cas, escriu les unitats a sota de la ratlla i
<<emporta't>> les desenes cap al resultat de les desenes. Fes la
suma de la columna de les desenes i suma-hi les desenes extres.

Pas 1

Suma la columna de les
unitats i escriu-ne el
resultat a sota.

```
  D U
  4 7
+ 2 9
─────
    6
─────
  1
```

Pas 2

Suma la columna de les desenes,
després suma-hi el valor que t'has
emportat del resultat anterior.
Escriu-ne el resultat a sota.

```
  D U
  4 7
+ 2 9
─────
  7 6
─────
  1
```

desenes que
t'has emportat

Estratègia de suma: notació expandida i nombres de 3 dígits

La notació expandida ens ajuda a visualitzar les centenes, les desenes i les unitats de manera vertical. Aquest mètode també funciona per als nombres de 4 i 5 dígits.

Pas 1 Suma les unitats i escriu-ne el resultat (8) a sota.

Pas 2 Suma les desenes i escriu-ne el resultat (70) a sota.

Pas 3 Suma les centenes i escriu-ne el resultat (100) a sota.

Pas 4 Suma les unitats, les desenes i les centenes per obtenir el tota

```
          1 4 2
        +   3 6
        _____
Pas 1           8
Pas 2         7 0
Pas 3       1 0 0
        _____
Pas 4       1 7 8
```

CONSELL DE NINJA:

Consulta la pàgina 57 per a més informació sobre què pots fer si les unitats sumen 10 o més o les desenes sumen 100 o més.

La suma compacta és el mateix procés que la notació expandida, però sense detallar-ne tots els passos.

Pas 1 Suma les unitats i escriu-ne el resultat a la fila del resultat.

Pas 2 Suma les desenes i escriu-ne el resultat a la fila del resultat.

Pas 3 Suma les centenes i escriu-ne el resultat a la fila del resultat.

```
Pas 1       1 4 2
Pas 2     +   3 6
          _____
Pas 3       1 7 8
```

Suma amb decimals

CONSELL DE NINJA:

primer!

La clau per a la suma amb decimals és tenir en compte la posició de la coma. Per fer-ho, escriu en primer lloc les comes del decimal. Recorda que les has d'escriure a la mateixa columna. Ara ja pots anar escrivint els números davant i darrere de la coma.

CONSELL DE NINJA:

Intenta deixar un requadre per a les comes del decimal i escriu-les al mig. No ho facis sobre la línia.

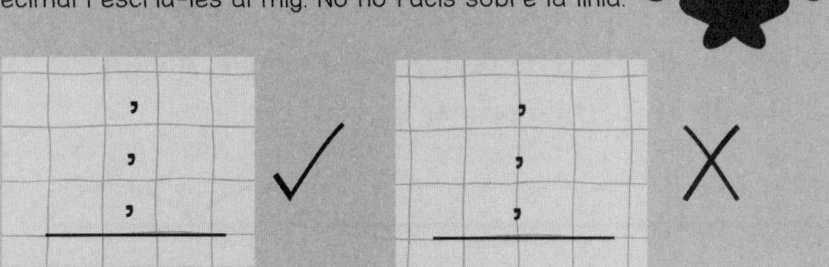

Exemples:

43,6 + 29,4 = ?

```
   4  3 , 6
 + 2  9 , 4
 ─────────────
   7  3 , 0
   1  1
```

56,4 + 3,27 = ?

```
   5  6 , 4
 +  3 , 2  7
 ─────────────
   5  9 , 6  7
```

29

Estratègia de resta: rectes numèriques i comptes enrere

Pas 1

Escriu el nombre del qual fas la resta (minuend) a la dreta de la recta numèrica.

Exemple: 30 - 9 = ?

0   30

Pas 2

Divideix el nombre que restes (subtrahend) en fragments que et semblin fàcils de restar. Per exemple, en lloc de restar 9 de 30, resta'n primer 5 i, després, 4.

0   21   25   30

Així doncs, 30 - 9 = 21.

CONSELL DE NINJA:

Comptar enrere a partir de les desenes és fàcil; intenta fer-ho sempre primer si és possible. Per exemple, si comptes cap enrere 9 des de 23, compta'n 3 enrere per arribar al 20 i llavors compta'n 6 més a partir del 20, fins a arribar al 14.

Estratègia de resta: compte enrere amb nombres de 3 dígits

Pas 1

Escriu el nombre des del qual fas la resta (minuend) a la dreta de la recta numèrica.

Exemple: 146 - 28 = ?

Pas 2

Divideix el nombre que restes (subtrahend) en fragments que et semblin fàcils de restar. Per exemple, en lloc de restar 28 de 146, resta'n primer 10, després 10 més, a continuació 6 i finalment 2.

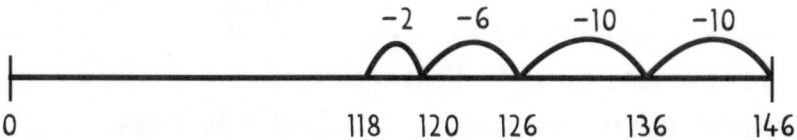

Així doncs, 146 - 28 = 118.

CONSELL DE NINJA:

Comptar enrere en múltiples de les desenes i les centenes és fàcil; intenta fer-ho sempre primer si és possible. Per exemple, si comptes cap enrere 90 des de 230, compta'n 30 enrere per arribar al 200 i llavors compta'n 60 més partint del 200, fins a arribar al 140.

Estratègia de resta: rectes numèriques i seguir comptant

Ara la recta numèrica és vertical. I fem servir el mètode de seguir comptant.

Pas 1

Comença amb el nombre que restes (subtrahend). Ara aquest és el punt de partida.

Exemple: 619 - 84 = ?

Pas 2

Compta amb fragments o salts lògics avançant cap al nombre del qual restes (minuend).

Pas 3

Suma els fragments o salts que has fet per descobrir la diferència. Aquest és el teu resultat.

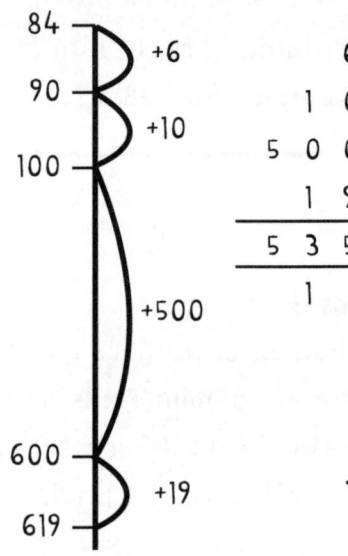

$$619 - 84 = 535$$

CONSELL DE NINJA:

Fes servir fragments fàcils de comptar, com ara desenes o centenes.

Estratègia de resta: descomposició / resta en columnes

Mètode sense intercanvi

Pas 1

Escriu l'enunciat amb el nombre més gran a dalt.

43 – 11 = ?

$$\begin{array}{r} 4\ 3 \\ -1\ 1 \\ \hline \\ \hline \end{array}$$

259 – 108 = ?

$$\begin{array}{r} 2\ 5\ 9 \\ -1\ 0\ 8 \\ \hline \\ \hline \end{array}$$

Pas 2

Comença per la columna que hi ha més a la dreta. Resta el nombre de baix del de dalt. Escriu el resultat (la diferència) a sota.

$$\begin{array}{r} 4\ 3 \\ -1\ 1 \\ \hline 2 \end{array}$$

$$\begin{array}{r} 2\ 5\ 9 \\ -1\ 0\ 8 \\ \hline 1 \end{array}$$

Pas 3

Ara, ves a la columna de les desenes i repeteix l'operació. I fes-ho altra vegada amb la columna de les centenes, si n'hi ha.

$$\begin{array}{r} 4\ 3 \\ -1\ 1 \\ \hline 3\ 2 \end{array}$$

$$\begin{array}{r} 2\ 5\ 9 \\ -1\ 0\ 8 \\ \hline 1\ 5\ 1 \end{array}$$

Estratègia de resta: descomposició / resta en columnes

Mètode amb intercanvi

En alguns problemes amb restes, a vegades has de restar un nombre més gran d'un de més petit, per exemple, 5 - 8.

Quan aquest és el cas, hem de demanar un dígit a la columna de l'esquer Això s'anomena **reagrupament**.

Pas 1 Escriu l'enunciat.

Exemple 1: 45 − 38 = ?

```
   4 5
 − 3 8
 ──────
```

Exemple 2: 274 − 35 = ?

```
   2 7 4
 −   3 5
 ────────
```

Pas 2 Comença per la columna amb el valor posicional més petit. Si el dígit de dalt és més petit que el de baix, agafa un 1 del dígit de la columna de l'esquerra i escriu-lo al costat del dígit del qual fas la resta.

Ratlla el dígit del qual has agafat l'1, resta-n'hi 1 i escriu el nombre resultant. Ara ja pots fer la resta.

```
   ³4̶ ¹5
 − 3 8
 ──────
       7
```

```
   2 ⁶7̶ ¹4
 −   3 5
 ────────
   2 3 9
```

Resta amb decimals

La resta amb decimals fa servir les mateixes regles que la resta en columnes. I pot ser que necessitis fer algun intercanvi.

Pas 1 Escriu l'enunciat amb les comes dels decimals a la mateixa columna, de manera que el valor posicional quedi ben clar. Pot ser que necessitis afegir-hi zeros per indicar la posició.

Exemple: 14 - 9,27 = ?

$$\begin{array}{cccc} 1\,4 & , & 0 & 0 \\ 9 & , & 2 & 7 \\ \hline & , & & \end{array}$$

Pas 2 Comença per la columna amb el valor posicional més petit. Resta el nombre de sota del de dalt. Pot ser que necessitis fer un reagrupament, i fins i tot pot ser que necessitis fer-ne més d'un.

$$1\ \overset{3}{\cancel{4}} \ , \ \overset{1}{0} \ 0 \qquad \longrightarrow \qquad 1 \ \overset{3}{\cancel{4}} \ , \ \overset{9}{\cancel{\overset{1}{0}}} \ \overset{1}{0}$$
$$9 \ , \ 2 \ 7 \qquad\qquad\qquad 9 \ , \ 2 \ 7$$
$$\overline{\qquad , \qquad} \qquad\qquad \overline{\qquad , \qquad 3}$$

Pas 3 Passa a fer la resta a la columna següent i fes els reagrupaments quan calgui. Fes aquesta operació per a cada columna.

$$\overset{0}{\cancel{\overset{1}{\cancel{1}}}}\overset{3}{\cancel{4}} \ , \ \overset{9}{\cancel{\overset{1}{0}}} \ \overset{1}{0}$$
$$9 \ , \ 2 \ 7$$
$$\overline{4 \ , \ 7 \ 3}$$

14 - 9,27 = 4,73

Vocabulari de la multiplicació i la divisió

MULTIPLICACIÓ: X

multiplicar	doble	grups de
vegades	triple	multiplicat per
dues vegades	producte	

Parts de la multiplicació

$$5 \times 3 = 15$$

factor   operador   factor   producte

DIVISIÓ: ÷

dividit per	dividir	grups
compartit per	en parts iguals	residu

Parts de la divisió

$$20 \div 4 = 5$$

dividend   operador   divisor   quocient

Taules de multiplicar: x 1, x 2, x 5

Taula de multiplicar de l'1 – Si multipliquem qualsevol nombre per 1, el nombre no canvia, p. ex. 5 x 1 = 5.

0 x 1 = 0	5 x 1 = 5	9 x 1 = 9
1 x 1 = 1	6 x 1 = 6	10 x 1 = 10
2 x 1 = 2	7 x 1 = 7	11 x 1 = 11
3 x 1 = 3	8 x 1 = 8	12 x 1 = 12
4 x 1 = 4		

Taula de multiplicar del 2 – Si multipliquem qualsevol nombre per 2, obtenim el doble del nombre, p. ex. 5 x 2 = 10.

Multiplicar un nombre per 0 sempre dona 0. P. ex. 5 x 0 = 0.

0 x 2 = 0	5 x 2 = 10	9 x 2 = 18
1 x 2 = 2	6 x 2 = 12	10 x 2 = 20
2 x 2 = 4	7 x 2 = 14	11 x 2 = 22
3 x 2 = 6	8 x 2 = 16	12 x 2 = 24
4 x 2 = 8		

Taula de multiplicar del 5 – Tots els múltiples de 5 acaben o bé en un 5 o bé en un 0. Si multipliques un nombre imparell per 5, el producte acaba en 5. Si multipliques un nombre parell per 5, el producte acaba en 0.

0 x 5 = 0	5 x 5 = 25	9 x 5 = 45
1 x 5 = 5	6 x 5 = 30	10 x 5 = 50
2 x 5 = 10	7 x 5 = 35	11 x 5 = 55
3 x 5 = 15	8 x 5 = 40	12 x 5 = 60
4 x 5 = 20		

MULTIPLICACIONS I DIVISIONS

Taules de multiplicar: x 10, x 3, x 4

Taula de multiplicar del 10 – Tots els múltiples de 10 acaben en 0.

0 x 10 = 0	5 x 10 = 50	9 x 10 = 90
1 x 10 = 10	6 x 10 = 60	10 x 10 = 100
2 x 10 = 20	7 x 10 = 70	11 x 10 = 110
3 x 10 = 30	8 x 10 = 80	12 x 10 = 120
4 x 10 = 40		

Taula de multiplicar del 3 – Si sumes els dígits dels nombres de la taula de multiplicar del 3, el resultat és un múltiple de 3. En el número 24, els dígits 2 i 4 sumen 6, que és un múltiple de 3.

0 x 3 = 0	5 x 3 = 15	9 x 3 = 27
1 x 3 = 3	6 x 3 = 18	10 x 3 = 30
2 x 3 = 6	7 x 3 = 21	11 x 3 = 33
3 x 3 = 9	8 x 3 = 24	12 x 3 = 36
4 x 3 = 12		

Taula de multiplicar del 4 – La taula del 4 és el doble de la taula del 2, p. ex. 3 x 2 = 6 i 3 x 4 = 12.

0 x 4 = 0	5 x 4 = 20	9 x 4 = 36
1 x 4 = 4	6 x 4 = 24	10 x 4 = 40
2 x 4 = 8	7 x 4 = 28	11 x 4 = 44
3 x 4 = 12	8 x 4 = 32	12 x 4 = 48
4 x 4 = 16		

Taules de multiplicar: x 6, x 7, x 8

Taula de multiplicar del 6 – La taula del 6 és el doble de la taula del 3, p. ex. 4 x 3 = 12 i 4 x 6 = 24.

0 x 6 = 0	5 x 6 = 30	9 x 6 = 54
1 x 6 = 6	6 x 6 = 36	10 x 6 = 60
2 x 6 = 12	7 x 6 = 42	11 x 6 = 66
3 x 6 = 18	8 x 6 = 48	12 x 6 = 72
4 x 6 = 24		

Taula de multiplicar del 7 – Els nombres de la taula del 7 es poden trobar combinant nombres de les taules de multiplicar del 5 i del 2. 7 x 8 = 56, 8 x 5 = 40 i 8 x 2 = 16. La suma de 40 i 16 és 56.

0 x 7 = 0	5 x 7 = 35	9 x 7 = 63
1 x 7 = 7	6 x 7 = 42	10 x 7 = 70
2 x 7 = 14	7 x 7 = 49	11 x 7 = 77
3 x 7 = 21	8 x 7 = 56	12 x 7 = 84
4 x 7 = 28		

Taula de multiplicar del 8 – La taula del 8 és el doble de la taula del 4, p. ex. 3 x 4 = 12 i 8 x 4 = 24. Pots sumar-ne 8 a un nombre amb més facilitat si n'hi sumes 10 i n'hi restes 2.

0 x 8 = 0	5 x 8 = 40	9 x 8 = 72
1 x 8 = 8	6 x 8 = 48	10 x 8 = 80
2 x 8 = 16	7 x 8 = 56	11 x 8 = 88
3 x 8 = 24	8 x 8 = 64	12 x 8 = 96
4 x 8 = 32		

Taules de multiplicar: x 9, x 11, x 12

Taula de multiplicar del 9 – Els dígits de tots els múltiples
de 9 sumen 9. P. ex. 5 x 9 = 45, 4 + 5 = 9.

0 x 9 = 0	5 x 9 = 45	9 x 9 = 81
1 x 9 = 9	6 x 9 = 54	10 x 9 = 90
2 x 9 = 18	7 x 9 = 63	11 x 9 = 99
3 x 9 = 27	8 x 9 = 72	12 x 9 = 108
4 x 9 = 36		

Taula de multiplicar de l'11 – Tots els múltiples d'11 per
sota de 100 tenen el mateix dígit a les desenes i les unitats:
p. ex. 5 x 11 = 55.

0 x 11 = 0	5 x 11 = 55	9 x 11 = 99
1 x 11 = 11	6 x 11 = 66	10 x 11 = 110
2 x 11 = 22	7 x 11 = 77	11 x 11 = 121
3 x 11 = 33	8 x 11 = 88	12 x 11 = 132
4 x 11 = 44		

Taula de multiplicar del 12 – Multiplicar per 10 i per 2 per
separat pot ser més fàcil que no pas multiplicar per 12:
p. ex. 2 x 10 = 20 + 2 x 2 = 4. Així doncs, 2 x 12= 24 (20 + 4).

0 x 12 = 0	5 x 12 = 60	9 x 12 = 108
1 x 12 = 12	6 x 12 = 72	10 x 12 = 120
2 x 12 = 24	7 x 12 = 84	11 x 12 = 132
3 x 12 = 36	8 x 12 = 96	12 x 12 = 144
4 x 12 = 48		

Taules de dividir

1 ÷ 1 = 1	2 ÷ 2 = 1	5 ÷ 5 = 1
2 ÷ 1 = 2	4 ÷ 2 = 2	10 ÷ 5 = 2
3 ÷ 1 = 3	6 ÷ 2 = 3	15 ÷ 5 = 3
4 ÷ 1 = 4	8 ÷ 2 = 4	20 ÷ 5 = 4
5 ÷ 1 = 5	10 ÷ 2 = 5	25 ÷ 5 = 5
6 ÷ 1 = 6	12 ÷ 2 = 6	30 ÷ 5 = 6
7 ÷ 1 = 7	14 ÷ 2 = 7	35 ÷ 5 = 7
8 ÷ 1 = 8	16 ÷ 2 = 8	40 ÷ 5 = 8
9 ÷ 1 = 9	18 ÷ 2 = 9	45 ÷ 5 = 9
10 ÷ 1 = 10	20 ÷ 2 = 10	50 ÷ 5 = 10
11 ÷ 1 = 11	22 ÷ 2 = 11	55 ÷ 5 = 11
12 ÷ 1 = 12	24 ÷ 2 = 12	60 ÷ 5 = 12

10 ÷ 10 = 1	3 ÷ 3 = 1	4 ÷ 4 = 1
20 ÷ 10 = 2	6 ÷ 3 = 2	8 ÷ 4 = 2
30 ÷ 10 = 3	9 ÷ 3 = 3	12 ÷ 4 = 3
40 ÷ 10 = 4	12 ÷ 3 = 4	16 ÷ 4 = 4
50 ÷ 10 = 5	15 ÷ 3 = 5	20 ÷ 4 = 5
60 ÷ 10 = 6	18 ÷ 3 = 6	24 ÷ 4 = 6
70 ÷ 10 = 7	21 ÷ 3 = 7	28 ÷ 4 = 7
80 ÷ 10 = 8	24 ÷ 3 = 8	32 ÷ 4 = 8
90 ÷ 10 = 9	27 ÷ 3 = 9	36 ÷ 4 = 9
100 ÷ 10 = 10	30 ÷ 3 = 10	40 ÷ 4 = 10
110 ÷ 10 = 11	33 ÷ 3 = 11	44 ÷ 4 = 11
120 ÷ 10 = 12	36 ÷ 3 = 12	48 ÷ 4 = 12

Taules de dividir

6 ÷ 6 = 1	7 ÷ 7 = 1	8 ÷ 8 = 1
12 ÷ 6 = 2	14 ÷ 7 = 2	16 ÷ 8 = 2
18 ÷ 6 = 3	21 ÷ 7 = 3	24 ÷ 8 = 3
24 ÷ 6 = 4	28 ÷ 7 = 4	32 ÷ 8 = 4
30 ÷ 6 = 5	35 ÷ 7 = 5	40 ÷ 8 = 5
36 ÷ 6 = 6	42 ÷ 7 = 6	48 ÷ 8 = 6
42 ÷ 6 = 7	49 ÷ 7 = 7	56 ÷ 8 = 7
48 ÷ 6 = 8	56 ÷ 7 = 8	64 ÷ 8 = 8
54 ÷ 6 = 9	63 ÷ 7 = 9	72 ÷ 8 = 9
60 ÷ 6 = 10	70 ÷ 7 = 10	80 ÷ 8 = 10
66 ÷ 6 = 11	77 ÷ 7 = 11	88 ÷ 8 = 11
72 ÷ 6 = 12	84 ÷ 7 = 12	96 ÷ 8 = 12

9 ÷ 9 = 1	11 ÷ 11 = 1	12 ÷ 12 = 1
18 ÷ 9 = 2	22 ÷ 11 = 2	24 ÷ 12 = 2
27 ÷ 9 = 3	33 ÷ 11 = 3	36 ÷ 12 = 3
36 ÷ 9 = 4	44 ÷ 11 = 4	48 ÷ 12 = 4
45 ÷ 9 = 5	55 ÷ 11 = 5	60 ÷ 12 = 5
54 ÷ 9 = 6	66 ÷ 11 = 6	72 ÷ 12 = 6
63 ÷ 9 = 7	77 ÷ 11 = 7	84 ÷ 12 = 7
72 ÷ 9 = 8	88 ÷ 11 = 8	96 ÷ 12 = 8
81 ÷ 9 = 9	99 ÷ 11 = 9	108 ÷ 12 = 9
90 ÷ 9 = 10	110 ÷ 11 = 10	120 ÷ 12 = 10
99 ÷ 9 = 11	121 ÷ 11 = 11	132 ÷ 12 = 11
108 ÷ 9 = 12	132 ÷ 11 = 12	144 ÷ 12 = 12

Matrius

Una matriu mostra un problema de multiplicació d'una manera visual. Només cal que ordenis els nombres que hi ha a la multiplicació en fileres i columnes.

Així doncs, per exemple, si has de multiplicar 3 x 4, pots crear 3 fileres de 4 puntets o bé 4 fileres de 3 puntets. Compta els puntets i descobreix el total.

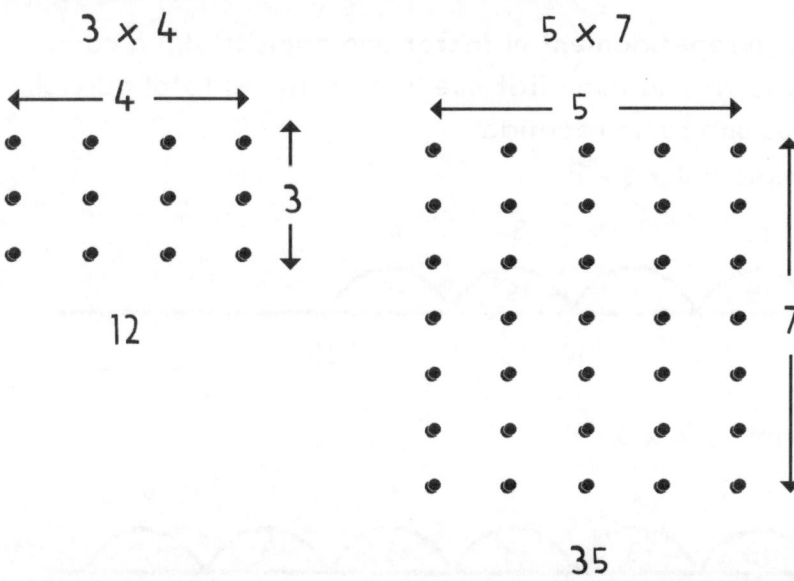

3 x 4

4

3

12

5 x 7

5

7

35

CONSELL DE NINJA:

Recorda que la multiplicació és **commutativa**. Això vol dir que pots multiplicar els factors en l'ordre que vulguis i seguiràs tenint el mateix resultat. Per exemple, 3 x 4 = 12, 4 x 3 = 12.

Multiplicació: suma repetida

Pas 1

Dibuixa una recta numèrica que comenci amb el zero.

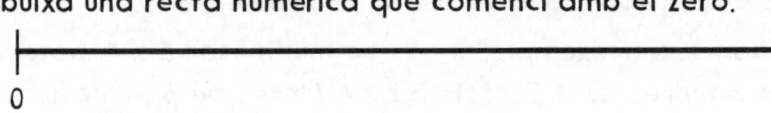

Pas 2

Suma-hi repetidament el factor que hagis triat, i a cada salt anota-hi la quantitat que has saltat i el total parcial. Això és una suma repetida.

Exemple 1: $4 \times 5 = ?$

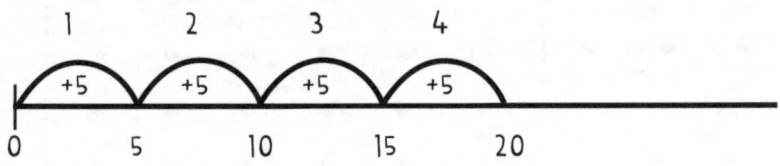

Exemple 2: $6 \times 3 = ?$

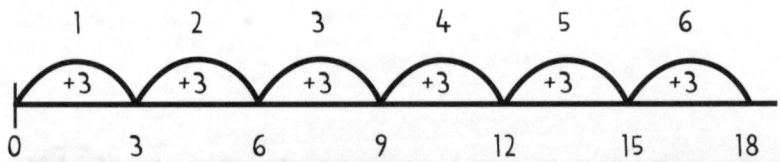

CONSELL DE NINJA:

Tria fer una suma repetida amb un nombre amb què et sentis còmode. Per exemple, en el cas de 8×3, anar sumant amb el 3 potser t'és més fàcil que no pas anar sumant amb el 8.

Graella / multiplicació amb fraccionament

Pas 1 Fracciona el factor de dos o tres dígits en valors d'unitats, desenes i centenes. Anota'ls a la part esquerra de la graella. Escriu l'altre factor a la banda de dalt.

Exemple 1:

3 x 26 = ?

	3
20	
6	

Exemple 2:

4 x 132 = ?

	4
100	
30	
2	

Pas 2 Multiplica cada nombre de la part esquerra pel factor de la banda superior. Anota el total a la fila corresponent.

Exemple 1:

3 x 26 = ?

	3
20	6 0
6	1 8

Exemple 2:

4 x 132 = ?

	4
100	4 0 0
30	1 2 0
2	8

Escriu el valor posicional amb exactitud. ⟶

Pas 3 Suma els valors de cada multiplicació fent servir una estratègia de suma mental o una suma en columna.

Exemple 1:

60 + 18 = 78

Així doncs, 3 x 26 = 78.

Exemple 2

4 x 132 = 528

```
    4 0 0
  +1 2 0
  +    8
  -------
    5 2 8
```

Multiplicació curta

Pas 1 Escriu l'operació amb el nombre més gran a dalt
i alinea els dígits. Escriu l'operador de la multiplicació.

Exemple de 2 dígits: 4 x 27 = ?   Exemple de 3 dígits: 5 x 342 = ?

```
    2 7                    3 4 2
x     4                x       5
```

Pas 2 Multiplica el nombre de dalt pel de baix. Primer
multiplica'n les unitats, després les desenes, i, finalment,
les centenes. Pots fer anotacions a part si et calen.

U: 7 x 4 = 28   U: 2 x 5 = 10
D: 20 x 4 = 80   D: 40 x 5 = 200
                       C: 300 x 5 = 1,500

Pas 3 Només es pot escriure un dígit en cada posició
de cada columna. Així doncs, potser necessitaràs
emportar-te dígits a la columna següent.

```
    2 7                    3 4 2
x     4                x       5
  1 0 8                  1 7 1 0
  1 2                    1 2 1
```

CONSELL DE NINJA:
No t'oblidis de sumar els dígits que t'emportes.

Multiplicació curta expandida

El mètode expandit de la multiplicació curta ajuda a veure cada càlcul a mesura que el duem a terme.

Exemple 1: 5 x 126 = ?

```
    1 2 6
  x     5
  _____
      3 0   (= 5 x 6)
    1 0 0   (= 5 x 20)
    5 0 0   (= 5 x 100)
  _____
    6 3 0
```

Exemple 2: 3 x 245 = ?

```
    2 4 5
  x     3
  _____
      1 5   (= 3 x 5)
    1 2 0   (= 3 x 40)
    6 0 0   (= 3 x 200)
  _____
    7 3 5
```

Multiplicació llarga

Pas 1 Escriu l'enunciat amb el nombre més
gran a dalt. Exemple: 24 x 35 = ?

$$\begin{array}{r} 3\ 5 \\ \times\ \ 2\ 4 \\ \hline \end{array}$$

Pas 2 Multiplica els dígits de dalt pels que hi ha a la fila de
sota. Comença multiplicant la columna de les unitats de dalt
per la columna de les unitats de baix. Després, fes el mateix amb

les desenes,
amb les centenes,
i successivament.

$$\begin{array}{r} 3\ 5 \\ \times\ \ 2\ \underline{4} \\ \hline 1\ 4\ 0 \\ 2 \end{array}$$ (5 x 4 = 20, 3 x 4 = 12)

Pas 3 Escriu un 0 a la columna de les unitats de la segona fila
de resultats (això és necessari perquè ara estàs multiplicant
per 10). Multiplica els nombres de la fila de dalt per les
desenes de la fila de baix. Comença multiplicant la columna

de les unitats de dalt
per la columna de
les desenes
de baix.

$$\begin{array}{r} 3\ 5 \\ \times\ \ 2\ 4 \\ \hline 1\ 4\ 0 \\ 7\ 0\ (0) \\ 1\ 2 \end{array}$$ (5 x 2 = 10, 3 x 2 = 6)

Aquest zero que ocupa un
espai t'ajudarà a mantenir el
valor posicional amb exactitud.

Pas 4 Fes la suma en columna
de les dues fileres de resultats.

24 x 35 = 840

$$\begin{array}{r} 3\ 5 \\ \times\ \ 2\ 4 \\ \hline 1\ 4\ 0 \\ +\ 7\ 0\ 0 \\ \hline 8\ 4\ 0 \end{array}$$

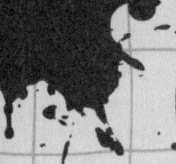

Multiplicació amb decimals

Multiplicació curta amb decimals

Aquesta multiplicació es fa de la mateixa manera que una multiplicació curta. La clau és que t'asseguris que el valor posicional sigui correcte.

Exemple: 4 x 2,36 = ?

```
      2 , 3 6
  x         4
  ─────────────
      9 , 4 4
      1   2
```

Multiplicació llarga amb decimals

Les normes i l'estratègia per a les multiplicacions llargues també s'apliquen quan treballem amb decimals. No oblidis d'escriure el 0 per ocupar la posició en multiplicar per la columna de les desenes.

Exemple: 16 x 3,42 = ?

```
      3 , 4 2
  x       1 6
  ─────────────
    2 ²0 , ¹5 2
    3 4 , 2 0
  ─────────────
    5 4 , 7 2
```

CONSELL DE NINJA:

Assegura't que la coma dels decimals de la multiplicació és a la mateixa columna que la coma dels decimals del resultat. Si és així, voldrà dir que el valor posicional de la resposta és correcte!

Multiplicació:
fraccionament i anotacions

L'estratègia del fraccionament i les anotacions va molt bé per anotar els càlculs mentals que facis d'una manera ràpida i fàcil.

Pas 1 Anota l'enunciat.

Exemple de 2 dígits: 4 x 26 = ?   **Exemple de 3 dígits: 3 x 149 = ?**

Pas 2 Fracciona (separa) els nombres de dos o tres dígits en valors de centenes, desenes i unitats. Llavors multiplica cada part de manera individual.

```
    2  0      6                1  0  0        4  0          9

x 4      /         \  x 4     x 3  /        x 3  /       x 3  /

    8  0          2  4         3  0  0        1  2  0        2  7
```

Pas 3 Anota tots els resultats parcials i suma'ls per obtenir el resultat final.

80 + 24 = 104   300 + 120 + 27 = 447

4 x 26 = 104   3 x 149 = 447

CONSELL DE NINJA:

La raó per la qual anotem els resultats parcials és perquè, com que ja hem apuntat aquesta informació, així no cal que la recordem.

Estratègia de divisió: agrupació

Pas 1 Escriu tants punts com calguin fins que tinguis el nombre que estàs dividint (el dividend).

Exemple sense residu: 15 ÷ 3 = ?

o o o o o o o o o o o o o o o

Exemple amb residu: 13 ÷ 3 = ?

o o o o o o o o o o o o o

CONSELL DE NINJA:

L'agrupació és una manera visual de fer divisions amb nombres petits.

Pas 2 Agrupa els punts segons el nombre pel qual divideixes (el divisor).

15 ÷ 3 =?

(o o o)(o o o)(o o o)(o o o)(o o o)

13 ÷ 3 =?

(o o o)(o o o)(o o o)(o o o)o

Pas 3 Compta els grups que has fet. Els punts que sobrin són el residu, ja que no n'hi ha prou per formar un altre grup complet.

5 grups; així que 15 ÷ 3 = 5.

(o o o)(o o o)(o o o)(o o o)(o o o)

4 grups i 1 punt que sobra; així que 13 ÷ 3 = 4, i 1 de residu.

(o o o)(o o o)(o o o)(o o o)o

Divisió curta

Pas 1 Escriu la divisió com t'indiquem a continuació.

$212 \div 4$ $212 \lfloor 4$

Pas 2 Comença pel primer dígit del dividend. Comprova si es pot dividir pel divisor. Si és que sí, anota el resultat a sota de la ratlla del divisor. Si la xifra és més petita que el divisor, hauràs d'agafar una xifra més del dividend.

$$\overset{\frown}{212} \lfloor 4$$

El 2 no es pot dividir per 4. Així que agafem el següent nombre del dividend, l'1. Ens queda, doncs, 21. Haurem de dividir 21 entre 4. Per tant, hem de buscar un nombre que, multiplicat per 4, ens doni 21. Com que no n'hi ha cap que doni exacte, busquem el nombre que més s'hi aproximi, sense superar-lo: 4 x 5 = 20. En aquest cas, 20 és el nombre que, sent menor que 21, més s'hi aproxima. Per tant, escrivim 5 al quocient i restem 20 al 21: 21 - 20 = 1.

$$\begin{array}{r} 212 \\ \underline{20} \\ 1 \end{array} \lfloor \begin{array}{l} 4 \\ 5 \end{array}$$

Com que 1 és més petit que 4, baixem el següent nombre del dividend, el 2, i ens queda 12. Dividim 12 ÷ 4 = 3.
El resultat final de la divisió és **53**.

$$\begin{array}{r} 212 \\ \underline{20} \\ 12 \end{array} \lfloor \begin{array}{l} 4 \\ 53 \end{array}$$

Pas 3 Si hi ha un residu en dividir el valor posicional més petit, llavors aquest residu serà part del resultat. Per exemple:

$$\begin{array}{r} 206 \\ \underline{18} \\ 26 \\ \underline{24} \\ 2 \end{array} \lfloor \begin{array}{l} 6 \\ 34 \end{array}$$

$206 \div 6 = 34$ i el residu és 2.

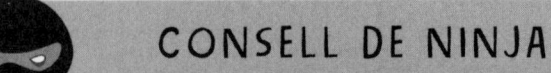

CONSELL DE NINJA:

La divisió curta se sol utilitzar més en dividir per un nombre d'un sol dígit.

Estratègia de divisió: recta numèrica

Pas 1 Dibuixa una recta numèrica vertical amb el zero a baix de tot. Exemple: **35 ÷ 7 = ?**

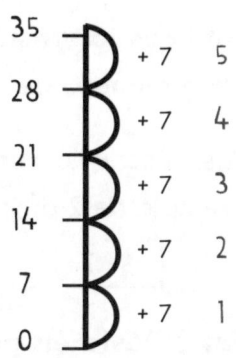

Pas 2 Compta quants passos que tinguin el valor del nombre pel qual divideixes (divisor) hi ha fins al nombre que estàs dividint (dividend). El resultat és el nombre de passos (5).

Passos combinats Pots fer servir intervals més grossos i menys passos. En lloc de 10 passos de 7, pots fer 7 passos de 10 (10 x 7 = 70).

Pas 1 Dibuixa una recta numèrica. Exemple: **94 ÷ 7 = ?**

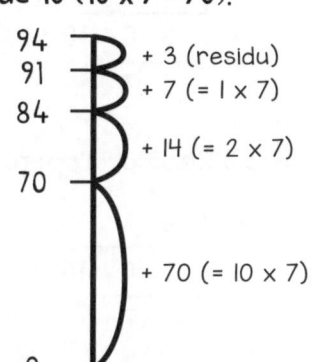

Pas 2 Tria un múltiple del divisor com a interval més gran. Fes els comptes a partir d'aquest nombre. Anota quantes vegades apareix el divisor en cada interval.

Pas 3 Si aquest interval és massa gran com per tornar-lo a comptar, tria intervals més petits fins que arribis al dividend. El resultat és el total de les vegades que el divisor apareix a dins dels intervals (13 r 3).

CONSELL DE NINJA:

Si no pots afegir altre cop el divisor a la recta numèrica, però encara no has arribat al valor del dividend, la diferència entre el nombre on has arribat i el dividend és el residu.

Divisió llarga

Tot i que la divisió curta és la més habitual, t'expliquem aquesta altra manera de dividir per si et resulta més fàcil.

Pas 1 Escriu l'enunciat com en els exemples que hi ha a continuació.
Exemple de 2 dígits: $57 \div 3 = ?$ Exemple de 3 dígits: $194 \div 6 = ?$

```
3 | 5 7              6 | 1 9 4
```

Pas 2 Resta els múltiples del divisor del dividend. Entre parèntesis, escriu quants grups de divisors hi ha.

```
  3 | 5 7                    6 | 1 9 4
-     3 0 (10 × 3)        -        6 0 (10 × 6)
    ───────                      ───────
      2 7                          1 3 4
```

Pas 3 Repeteix l'operació fins que ja no puguis fer més restes del divisor.

```
  3 | 5 7                    6 | 1 9 4
-     3 0  (10 × 3)       -        6 0 (10 × 6)
    ───────                      ───────
      2 7                          1 3 4
-     2 7  (9 × 3)        -        1 2 0 (20 × 6)
    ───────                      ───────
        0                          1 4
                         -          1 2 (2 × 6)
                                  ───────
                                     2
```

Pas 4 Suma quants grups del divisor has fet servir a les anotacions que hi ha entre parèntesis. Aquest és el resultat. Qualsevol nombre que quedi és el residu (r), que és més petit que el divisor.

$10 + 9 = 19, 57 \div 3 = 19$ $10 + 20 + 2 = 32, 194 \div 6 = 32 \ r \ 2$

Divisió llarga: taules parcials

Les taules parcials t'ajuden a treballar amb nombres dels quals no saps la taula de multiplicar. Amb una taula parcial, podem calcular amb facilitat x 1, x 2, x 4, x 10 i x 5.

Pas 1 Dibuixa una taula com aquesta. Escriu l'1, el 2, el 4, el 10 i el 5, en aquest ordre, a la columna de l'esquerra. Escriu el divisor a dalt de tot (aquí hem fet servir el 14).

x	14
1	
2	
4	
10	
5	

Pas 2 Calcula els totals de x 1, x 2 i x 4. 1 x 14 = 14, 2 x 14 = 28, etc.

x	14
1	14
2	28
4	56
10	
5	

x 2
x 2

Pas 3 Omple el valor de x 10. Després, fes la meitat d'aquest resultat per obtenir x 5.

x	14
1	14
2	28
4	56
10	140
5	70

x 2
x 2
÷ 2

CONSELL DE NINJA:

Consulta la pàgina següent per veure com pots utilitzar les taules parcials per a la divisió. Funcionen millor en dividir per un nombre de dos dígits.

Divisió llarga: taules parcials

Pots fer servir les taules parcials per resoldre més fàcilment les divisions més complexes. Recorda que el mètode de la divisió llarga és una manera alternativa de dividir que t'hem proposat a la pàgina 54.

Omple la taula. Després, fes servir el mètode de la divisió llarga (consulta la pàgina 53). Utilitza els resultats de la taula parcial perquè t'ajudaran a decidir quins intervals pots restar del dividend.

Recorda escriure entre parèntesis quants grups de divisors hi ha.

Exemple: $672 \div 16 = ?$

	16
1	16
2	32
4	64
10	160
5	80

× 2
× 2
÷ 2

```
            4 2
  16 | 6 7 2
     -  6 4 0  (40 × 16)
        ─────
          3 2
     -    3 2  (2 × 16)
          ─────
            0
```

Pots fer servir la taula parcial per trobar fins i tot resultats més grans. Exemple: aquí hem agafat 4 × 16 = 64 i hem fet 10 vegades més gran el resultat (40 × 16 = 640). Això t'ajudarà a resoldre l'operació amb més rapidesa.

4 Fraccions, decimals i percentatges

Fraccions, decimals i percentatges

$\frac{1}{1} = 1{,}0 = 100\%$							
$\frac{1}{2} = 0{,}5 = 50\%$				$\frac{1}{2} = 0{,}5 = 50\%$			
$\frac{1}{4} = 0{,}25$ $= 25\%$		$\frac{1}{4} = 0{,}25$ $= 25\%$		$\frac{1}{4} = 0{,}25$ $= 25\%$		$\frac{1}{4} = 0{,}25$ $= 25\%$	
$\frac{1}{8}$ $= 0{,}125$ $= 12{,}5\%$	$\frac{1}{8}$ $= 0{,}125$ $= 12{,}5\%$	$\frac{1}{8}$ $= 0{,}125$ $= 12{,}5\%$	$\frac{1}{8}$ $= 0{,}125$ $= 12{,}5\%$	$\frac{1}{8}$ $= 0{,}125$ $= 12{,}5\%$	$\frac{1}{8}$ $= 0{,}125$ $= 12{,}5\%$	$\frac{1}{8}$ $= 0{,}125$ $= 12{,}5\%$	$\frac{1}{8}$ $= 0{,}125$ $= 12{,}5\%$

$\frac{1}{5} = 0{,}20$ $= 20\%$		$\frac{1}{5} = 0{,}20$ $= 20\%$		$\frac{1}{5} = 0{,}20$ $= 20\%$		$\frac{1}{5} = 0{,}20$ $= 20\%$		$\frac{1}{5} = 0{,}20$ $= 20\%$	
$\frac{1}{10}$ $= 0{,}10$ $= 10\%$	$\frac{1}{10}$ $= 0{,}10$ $= 10\%$	$\frac{1}{10}$ $= 0{,}10$ $= 10\%$	$\frac{1}{10}$ $= 0{,}10$ $= 10\%$	$\frac{1}{10}$ $= 0{,}10$ $= 10\%$	$\frac{1}{10}$ $= 0{,}10$ $= 10\%$	$\frac{1}{10}$ $= 0{,}10$ $= 10\%$	$\frac{1}{10}$ $= 0{,}10$ $= 10\%$	$\frac{1}{10}$ $= 0{,}10$ $= 10\%$	$\frac{1}{10}$ $= 0{,}10$ $= 10\%$

Conceptes bàsics de les fraccions

Una fracció es fa servir per representar parts d'un tot. Una fracció està composta per un numerador, una barra de fracció i un denominador.

numerador	→ 1
barra de fracció	→ —
denominador	→ 2

El numerador indica quantes parts iguals tenim.

El denominador indica en quantes parts iguals està dividit el tot.

Maneres diverses de representar les fraccions

Part d'un grup

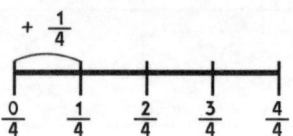 = $\frac{1}{4}$

Recta numèrica

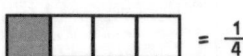

Model de barra

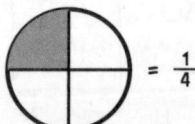 = $\frac{1}{4}$

Cercle

= $\frac{1}{4}$

Vocabulari clau:

tot
part
mig
quart
numerador
denominador

CONSELL DE NINJA:

Si et saps les taules de multiplicar, et serà molt més fàcil treballar amb les fraccions!

Fraccions equivalents

Meitats: una meitat com a fracció s'escriu 1/2. Però també es pot mostrar com a 2/4, 3/6, 4/8 i més. Les fraccions d'aquesta mena es coneixen com a fraccions equivalents, ja que són iguals.

Recorda que *meitat* significa que hi ha alguna cosa partida o compartida entre dos. Així doncs, quan ens referim a una meitat, pensa de quina manera el tot s'ha dividit en dues parts iguals.

 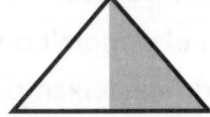  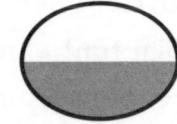

Quarts: un quart com a fracció s'escriu 1/4, però també es pot mostrar com a 2/8, 3/12, 4/16 i més. Totes aquestes fraccions són equivalents a 1/4.

Recorda que *quart* significa que hi ha alguna cosa partida o compartida entre quatre. Així doncs, quan ens referim a un quart, pensa de quina manera el tot s'ha dividit en quatre parts iguals.

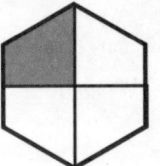  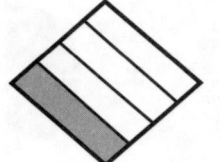 

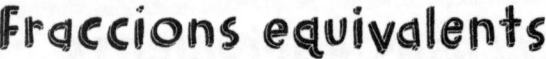

Fraccions equivalents

Les *fraccions equivalents* tenen el mateix valor, però diferent numerador i denominador.

$\frac{2}{4}$ $\frac{3}{6}$ $\frac{4}{8}$ $\frac{8}{16}$ $\frac{12}{24}$ són totes equivalents d'una meitat.

$\frac{2}{8}$ $\frac{3}{12}$ $\frac{5}{20}$ $\frac{6}{24}$ són totes equivalents d'un quart.

$\frac{2}{10}$ $\frac{3}{15}$ $\frac{4}{20}$ $\frac{10}{50}$ són totes equivalents d'un cinquè.

Les fraccions segueixen sent iguals perquè, si multipliquem o dividim tant el numerador com el denominador pel mateix nombre, aquests incrementen o disminueixen pel mateix valor.

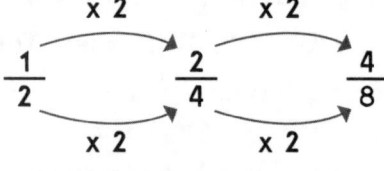

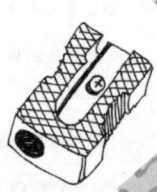

Visualment, es poden representar així:

Simplificació de fraccions

En treballar amb fraccions, pot ser que et demanin que les simplifiquis. Això vol dir fer el denominador tan petit com sigui possible.

Per simplificar una fracció, cal dividir el numerador i el denominador pel mateix nombre.

Així doncs, has de trobar nombres pels quals es puguin dividir tant el numerador com el denominador.

Fem servir la divisió entre 2:

$$\frac{16}{32} \longrightarrow \frac{8}{16} \longrightarrow \frac{4}{8} \longrightarrow \frac{2}{4} \longrightarrow \frac{1}{2}$$

Fem servir la divisió entre 4:

$$\frac{16}{32} \longrightarrow \frac{4}{8} \longrightarrow \frac{1}{2}$$

Fem servir la divisió entre 16:

$$\frac{16}{32} \longrightarrow \frac{1}{2}$$

O bé una barreja de nombres: si no pots tornar a dividir pel mateix nombre, intenta-ho amb un de més petit.

Fem servir la divisió entre 8, i després entre 2:

$$\frac{16}{32} \longrightarrow \frac{2}{4} \longrightarrow \frac{1}{2}$$

CONSELL DE NINJA:

Si t'enfrontes a la simplificació d'una fracció, segueix dividint entre 2 fins que ja no puguis dividir per un nombre enter.

CONSELL DE NINJA:

Com més gran sigui el nombre pel qual pots dividir tant el numerador com el denominador, més ràpid podràs simplificar una fracció.

Suma i resta de fraccions

Sumar i restar fraccions amb el mateix denominador és molt senzill.

Quan sumes o restes fraccions amb el mateix denominador, aquest es manté, mentre que el numerador augmenta o disminueix.

Exemples de sumes:

$$\frac{1}{4} + \frac{1}{4} = \frac{2}{4}$$

$$\frac{2}{7} + \frac{3}{7} = \frac{5}{7}$$

$$\frac{6}{13} + \frac{4}{13} = \frac{10}{13}$$

Exemples de restes:

$$\frac{2}{4} - \frac{1}{4} = \frac{1}{4}$$

$$\frac{5}{6} - \frac{2}{6} = \frac{3}{6}$$

$$\frac{8}{9} - \frac{6}{9} = \frac{2}{9}$$

Suma i resta de fraccions

Per sumar o restar fraccions amb denominadors diferents,
primer cal que canviïs els denominadors perquè siguin iguals.
Per fer-ho, has de trobar un múltiple comú (un nombre de
la taula de multiplicar dels dos denominadors), i llavors
substituir tots dos denominadors per aquest nombre.
Aquest valor s'anomena comú denominador.

Exemple: $\frac{1}{3} + \frac{1}{4} = ?$ Taula de multiplicar del 3: 3, 6, 9, ⑫ 15
Taula de multiplicar del 4: 4, 8, ⑫ 16, 20

Perquè el 3 es converteixi en un 12, l'hem de multiplicar per 4,
així que també multiplicarem el numerador per 4. Perquè el 4
es converteixi en un 12, l'hem de multiplicar per 3, així que
també multiplicarem el numerador per 3.
Reescriu l'operació amb el 12 com a comú denominador
en totes dues fraccions i amb els nous numeradors.

x 4   x 3

$\frac{1}{3}$ → $\frac{4}{12}$ $\frac{1}{4}$ → $\frac{3}{12}$ $\frac{4}{12} + \frac{3}{12} = ?$

x 4   x 3

Ara només cal que sumis o restis els numeradors.

$\frac{4}{12} + \frac{3}{12} = \frac{7}{12}$ $\frac{1}{3} + \frac{1}{4} = \frac{7}{12}$

CONSELL DE NINJA:

A vegades els denominadors tenen més d'un
múltiple comú. Intenta fer servir el més petit.
Aquest valor s'anomena mínim comú múltiple.

Comparació i ordenació de fraccion

Comparació de fraccions

Per comparar fraccions, analitzem si són més petites, més grans o iguals. La comparació és més fàcil de fer si els denominadors són iguals. Si són diferents, troba un comú denominador per a totes dues fraccions i fes els ajustos que calgui (consulta la pàgina 63).

Exemple: quina fracció és més gran, $\frac{5}{8}$ o $\frac{4}{6}$?

$$\frac{5}{8}$$

×3

$$\frac{15}{24}$$

$$\frac{4}{6}$$

×4

$$\frac{16}{24}$$

Un cop s'hagin ajustat les fraccions, és fàcil comparar-les. $\frac{16}{24}$ és més gran que $\frac{15}{24}$. Per tant, $\frac{4}{6}$ és més gran que $\frac{5}{8}$.

Ordenació de fraccions

Ordenar fraccions és el mateix que comparar-les, amb la diferència que hi ha més fraccions amb les quals hem de treballar. Et poden demanar que ordenis un conjunt de fraccions de més petita a més gran.

Exemple: ordena $\frac{1}{2}$, $\frac{3}{4}$, $\frac{4}{6}$ i $\frac{5}{12}$ de més petita a més gran.

$$\frac{1}{2}$$

×6

$$\frac{6}{12}$$

$$\frac{3}{4}$$

×3

$$\frac{9}{12}$$

$$\frac{4}{6}$$

×2

$$\frac{8}{12}$$

$$\frac{5}{12}$$

no cal que ajustis res

$$\frac{5}{12}$$

Per ordre: $\frac{5}{12}$, $\frac{6}{12}$, $\frac{8}{12}$, $\frac{9}{12}$. El resultat és $\frac{5}{12}$, $\frac{1}{2}$, $\frac{4}{6}$, $\frac{3}{4}$.

CONSELL DE NINJA:

Quan escriguis el resultat final, fes servir les fraccions originals de l'enunciat, no les fraccions que has ajustat.

Fraccions impròpies i nombres mixtos

Les **fraccions impròpies** tenen el numerador més gran que el denominador (la fracció és més que un tot). Per exemple $\frac{6}{5}$, quan $\frac{5}{5}$ és el tot.

Les **fraccions pròpies** tenen el numerador més petit que el denominador (la fracció és menys que el tot). Per exemple $\frac{4}{5}$, quan $\frac{5}{5}$ és el tot.

Un **nombre mixt** està format per un nombre enter i una fracció.

Per convertir una fracció impròpia en un nombre mixt:

Pas 1 Divideix el numerador pel denominador.

$\frac{7}{5}$ = 7 ÷ 5 = 1 r 2 (hi ha un 5 sencer a dins del 7, i ens en sobren 2)

Pas 2 La primera part del resultat és el nombre enter del nombre mixt. Per fer la part de la fracció, escriu el residu com a numerador a sobre del denominador original.

$\frac{7}{5}$ = 7 ÷ 5 = 1 r 2 = $1\frac{2}{5}$ $\frac{7}{5}$ = $1\frac{2}{5}$

Per convertir un nombre mixt en una fracció impròpia:

Pas 1 Multiplica el nombre enter del nombre mixt pel denominador de la fracció per convertir el nombre enter en una fracció.

Exemple: $2\frac{1}{4}$ 2 x 4 = 8, de manera que 2 = $\frac{8}{4}$.

Pas 2 Suma el resultat a la fracció del nombre mixt. Aquesta és la nova fracció impròpia.

$\frac{8}{4}$ + $\frac{1}{4}$ = $\frac{9}{4}$ Resultat: $2\frac{1}{4}$ = $\frac{9}{4}$

Multiplicació de fraccions pròpies

Multiplicar fraccions pròpies és molt fàcil.

Només cal que multipliquis els numeradors entre ells i obtindràs el nou numerador.
Després, multiplica els denominadors entre ells i obtindràs el nou denominador.

Exemple: quin és el resultat de $\frac{3}{4} \times \frac{2}{5}$?

$$\frac{3}{4} \times \frac{2}{5} \quad \overset{3 \times 2}{\underset{4 \times 5}{\longrightarrow}} \quad = \frac{6}{20} \qquad \frac{6}{20} \text{ simplificat } \overset{\div 2}{\underset{\div 2}{\longrightarrow}} \frac{3}{10}$$

$$\frac{3}{4} \times \frac{2}{5} = \frac{6}{20} \text{ o } \frac{3}{10}$$

CONSELL DE NINJA:

És bo que agafis l'hàbit de simplificar les fraccions sempre que puguis. Consulta la pàgina 61 per fer-ho.

Multiplicació i divisió de fraccions pròpies per nombres enters

Multiplicar fraccions pròpies per un nombre enter

Per multiplicar una fracció pròpia per un nombre enter, multiplica el numerador pel nombre enter i obtindràs el nou numerador. El denominador segueix sent el mateix.

Exemple: $\frac{2}{6} \times 2 = ?$ $\qquad$ $\frac{2}{6} \xrightarrow{\times 2} \frac{4}{6}$ $\qquad$ $\frac{2}{6} \times 2 = \frac{4}{6}$

A vegades, potser multipliques una fracció i obtens una fracció impròpia. Assegura't de convertir aquesta fracció impròpia en un nombre mixt (consulta la pàgina 65).

Exemple: $\frac{2}{4} \times 5 = ?$ $\qquad$ $\frac{2}{4} \times 5 = \frac{10}{4}$ $\qquad$ ($\frac{10}{4}$ és impròpia.)

Quants quatres hi ha en el 10?
N'hi ha 2, amb un residu de 2.

$\frac{2}{4} \times 5 = 2\frac{2}{4}$

Dividir fraccions pròpies per un nombre enter

Per dividir una fracció pròpia per un nombre enter, multiplica el denominador pel nombre enter i obtindràs el nou denominador. El numerador seguirà sent el mateix.

Exemple: $\frac{2}{6} \div 2 = ?$ $\qquad$ $\frac{2}{6} \xrightarrow{\times 2} \frac{2}{12}$ $\qquad$ $\frac{2}{6} \div 2 = \frac{2}{12}$

Multiplicació de nombres mixtos per nombres enters

Mètode 1: conversió a una fracció impròpia

Pas 1 Multiplica el denominador (4) pel nombre enter (2) i, després, suma-hi el numerador (1).

$$E: 2\frac{1}{4} \times 3 = ? \qquad 4 \times 2 + 1 = 9 \qquad 2\frac{1}{4} = \frac{9}{4}$$

Pas 2 Multiplica la fracció impròpia pel nombre enter (numerador x nombre enter).

$$\frac{9}{4} \times 3 = \frac{27}{4}$$

Pas 3 Converteix la nova fracció impròpia en un nombre mixt. Divideix el numerador pel denominador per obtenir el nombre enter. El residu és el nou numerador. El denominador és el mateix que el del nombre mixt original.

$$27 \div 4 = 6 \text{ r } 3 \qquad \frac{27}{4} = 6\frac{3}{4} \qquad 2\frac{1}{4} \times 3 = 6\frac{3}{4}$$

Mètode 2: fraccionament del nombre enter

Pas 1 Fracciona el nombre enter i la fracció pròpia.

$$E: 2\frac{1}{4} \times 3 = ? \qquad 2\frac{1}{4} \longrightarrow 2 \qquad \frac{1}{4}$$

Pas 2 Multiplica totes dues parts pel nombre enter (3).

$$2 \times 3 = 6 \qquad \frac{1}{4} \times 3 = \frac{3}{4}$$

Pas 3 Suma les dues parts. Aquest és el resultat.

$$6 + \frac{3}{4} = 6\frac{3}{4} \qquad 2\frac{1}{4} \times 3 = 6\frac{3}{4}$$

Sumes i restes de nombres mixtos

Mètode 1: conversió a una fracció impròpia

CONSELL DE NINJA: Per fer-ho, troba el comú denominador (consulta la pàgina 64).

Pas 1 Converteix tots dos nombres mixtos en fraccions impròpies.

Exemple: $2\frac{1}{3} + 1\frac{1}{2} = ?$

$2\frac{1}{3} = \frac{7}{3}$ $1\frac{1}{2} = \frac{3}{2}$

Consulta la pàgina 65 per fer-ho.

Pas 2 Troba el mínim comú denominador de les dues fraccions impròpies. És el 6.

$3 \times 2 = 6$

$2 \times 3 = 6$

Pas 3 Multiplica el numerador de cada fracció per la mateixa quantitat per la qual has multiplicat el denominador.

$\frac{7}{3} \xrightarrow{\times 2} \frac{14}{6}$ $\frac{3}{2} \xrightarrow{\times 3} \frac{9}{6}$

Pas 4 Suma les dues fraccions.

$\frac{14}{6} + \frac{9}{6} = \frac{23}{6}$

Pas 5 Torna a convertir el resultat en un nombre mixt.

$\frac{23}{6} = 3\frac{5}{6}$

CONSELL DE NINJA:

Això funciona exactament de la mateixa manera que per a la resta.

Suma i resta de nombres mixtos

Mètode 2: fraccionament dels nombres mixtos

Pas 1 Fracciona (separa) els nombres enters de les fraccions.

Això funciona igual per a la resta.

Exemple: $2\frac{1}{3} + 1\frac{1}{2} = ?$ ②$\frac{1}{3}$ ①$\frac{1}{2}$

nombres enters

Pas 2 Suma els nombres enters. $2 + 1 = 3$

Pas 3 Troba el mínim comú denominador de les dues fraccions impròpies. És el 6.

$3 \times 2 = 6$
$2 \times 3 = 6$

Pas 4 Multiplica el numerador de cada fracció per la mateixa quantitat per la qual has multiplicat el denominador.

$\frac{1}{3}$ ⟶ x 2 / x 2 ⟶ $\frac{2}{6}$ $\frac{1}{2}$ ⟶ x 3 / x 3 ⟶ $\frac{3}{6}$

Pas 5 Suma les dues fraccions.

$\frac{2}{6} + \frac{3}{6} = \frac{5}{6}$

Pas 6 No t'oblidis de sumar el total del nombre enter del pas 2 al nombre mixt final.

$3 + \frac{5}{6} = 3\frac{5}{6}$ $2\frac{1}{3} + 1\frac{1}{2} = 3\frac{5}{6}$

La fracció d'una quantitat

CONSELL DE NINJA:

Si et saps les taules de multiplicar i les de dividir, et serà més fàcil trobar fraccions de quantitats.

CONSELL DE NINJA:

Centra't en el denominador. Si és un 7, comença a pensar en la taula del 7. Si és un 3, pensa en la taula del 3 i, si és un 9, pensa si la taula del 3 també et pot ajudar.

Per trobar la fracció d'una quantitat, només cal que divideixis el nombre enter pel denominador (pas 1) i multipliquis aquest resultat pel numerador (pas 2)!

Aquí és quan fem servir la frase «divideix pel de baix i multiplica pel de dalt».

Exemple : $\frac{4}{7}$ de 35 = ?

Pas 1 $35 \div 7 = 5$

↑
el denominador

1	2	3	4	5	6	7
5	5	5	5	5	5	5	= 35

El 35 es divideix en 7 parts iguals. Cada part té un valor de 5.

Pas 2 $5 \times 4 = 20$

↑
el numerador

1	2	3	4	5	6	7
5	5	5	5	5	5	5	= 35

Aquí, busquem el valor de 4 parts. $5 \times 4 = 20$.

$\frac{4}{7}$ de 35 = 20

Comparació i ordenació de decimals

Pas 1

Escriu els números que necessites comparar.

Exemple: 7,6   7,15   7,23   7,2   7,08

Pas 2

Afegeix zeros als nombres per assegurar-te que cadascun
està situat en la mateixa posició decimal, p. ex. un, dos o tres.

Exemple: 7,6<u>0</u>   7,15   7,23   7,2<u>0</u>   7,08

Pas 3

Compara cadascun dels primers dígits, començant per l'esquerra,
per veure quin és més gran i ordena'ls de més petit a més gran.

Exemple: <u>7</u>,60   <u>7</u>,15   <u>7</u>,23   <u>7</u>,20   <u>7</u>,08

Aquí tots són iguals (7), de manera que no els has de reordenar.

Pas 4

Després, passa a la columna següent per veure quin nombre és
més gran i ordena'ls de més petit a més gran. Repeteix aquest pa
tantes vegades com calgui.

Exemple: 7,<u>6</u>0   7,<u>1</u>5   7,<u>2</u>3   7,<u>2</u>0   7,<u>0</u>8
             7,0<u>8</u>   7,<u>1</u>5   7,<u>2</u>3   7,<u>2</u>0   7,<u>6</u>0

Resultat: 7,08   7,15   7,20   7,23   7,60

Comparació de fraccions i decimals

Per comparar un decimal i una fracció, cal que els converteixis (canviïs) de manera que tots siguin decimals o tots siguin fraccions.

Per convertir una fracció en un decimal, divideix el numerador pel denominador. $\frac{1}{4} = 1 \div 4 = 0{,}25$

Per convertir un decimal en una fracció, multiplica'l per 100 i escriu el resultat com a numerador. En el denominador escriu-hi 100. Llavors, si cal, pots simplificar. $0{,}25 = \frac{25}{100} = \frac{1}{4}$

Exemple de conversió a decimals

Ordena aquesta llista $\frac{2}{8}$, 0,7, $\frac{2}{6}$, 0,36 de més petit a més gran.

Canvia les fraccions: $\frac{2}{8} = 0{,}25$. $\frac{2}{6} = 0{,}33$

Com a decimals, són així: 0,25, 0,70, 0,33, 0,36

> Afegeix zeros de manera que cada número es trobi en la mateixa posició decimal.

De més petit
a més gran és: 0,25, 0,33, 0,36, 0,70

El resultat és: $\frac{2}{8}$, $\frac{2}{6}$, 0,36, 0,7

> En el resultat, fes servir els números de l'enunciat original.

Exemple de conversió a fraccions

Ordena de més petit a més gran: 0,25, $\frac{2}{4}$, $\frac{2}{5}$, 0,6, $\frac{2}{10}$.

Converteix els decimals. Canvia les fraccions perquè siguin $\overline{100}$.

$0{,}25 = \frac{25}{100}$, $\frac{2}{4} = \frac{50}{100}$, $\frac{2}{5} = \frac{40}{100}$, $0{,}6 = \frac{60}{100}$, $\frac{2}{10} = \frac{20}{100}$

Com a fraccions, són així: $\frac{25}{100}$, $\frac{50}{100}$, $\frac{40}{100}$, $\frac{60}{100}$, $\frac{20}{100}$

De més petita a més gran: $\frac{20}{100}$, $\frac{25}{100}$, $\frac{40}{100}$, $\frac{50}{100}$, $\frac{60}{100}$

El resultat és: $\frac{2}{10}$, 0,25, $\frac{2}{5}$, $\frac{2}{4}$, 0,6

Descobrir percentatges

Trobar percentatges és fàcil quan ho saps fer. Pots trobar el 10 % d'un nombre fent servir el seu valor posicional.

Per **descobrir el 10 %**, només cal que divideixis el nombre per 10. Això significa que, en una graella de valor posicional, cada dígit passa a ser 10 vegades més petit, és a dir, que es mou una columna a la dreta.

Exemple: quin és el 10 % de 147? Per descobrir-ho, fes 147 ÷ 10 = 14,7.

DM	M	C	D	U	,	d	h	c
		1	4	7	,			
			1	4	,	7		

El 10 % de 147 = 14,7.

Per **descobrir l'1 %**, fes servir exactament el mateix mètode, però divideix entre 100 en lloc de fer-ho per 10.
Exemple: quin és l'1 % de 147? Per descobrir-ho, fes 147 ÷ 100 = 1,47.
L'1 % de 147 = 1,47.

CONSELL DE NINJA:

Si no saps quantes posicions has de moure els dígits, fixa't en el nombre de zeros del 10 o del 100. El 10 té un zero, per tant, has de moure els dígits una columna cap a la dreta. El 100 té dos zeros, per tant, has de moure els dígits dues columnes cap a la dreta.

Per **descobrir el 2 %**, primer troba l'1 % i, després, multiplica'l per 2.
Exemple: quin és el 2 % de 147? Per trobar-lo, calcula 147 ÷ 100 = 1,47, que és l'1 %. Llavors, multiplica 1,47 per 2, que és 2,94.
El 2 % de 147 = 2,94.

Descobrir percentatges

Descobrir el 5 %

Per trobar el 5 %, troba el 10 % i, després, divideix la quantitat entre 2.

Exemple: quin és el 5 % de 120?

10 % de 120 = 120 ÷ 10 = 12

La meitat de 12 = 6, així doncs, el 5 % de 120 = 6.

Descobrir percentatges que són múltiples de 10

Per trobar un percentatge que és múltiple de 10, p. ex. el 40 %, el 60 % o el 70 %, primer troba el 10 % del nombre. Després, multiplica el resultat pel nombre de desenes del percentatge.

Exemple: hi ha 4 desenes en el 40 %, de manera que has de multiplicar el resultat del 10 % per 4 per trobar el 40 %.

Quin és el 20 % de 470?

Primer troba el 10 % de 470.

470 ÷ 10 = 47

2 x 47 = 94 (càlcul a sota)

El 20 % de 470 = 94.

```
      4 7
 x      2
 _____
      9 4
        1
```

Quin és el 80 % de 320?

Primer troba el 10 % de 320.

320 ÷ 10 = 32

8 x 32 = 256

El 80 % de 320 = 256.

```
      3 2
 x      8
 _____
    2 5 6
      2 1
```

Descobrir percentatges

En primer lloc, recorda els percentatges que són fàcils de trobar, com ara el 10 %, el 5 %, l'1 % i el 2 %. Pots fer servir aquests percentatges per descobrir-ne qualsevol altre fent multiplicacions o sumes.

Exemple: quin és el 46 % de 230?

Per descobrir-ho, el fragmentes i trobes el 40 %, el 5 % i l'1 %, i després sumes els resultats.

CONSELL DE NINJA:

A cada pas assegura't que anotes els resultats perquè els necessitaràs en passos posteriors.

Pas 1 Calcula el 10 % i, després, multiplica aquest valor per 4 per obtenir el 40 %.

El 10 % de 230 = 230 ÷ 10 = 23.

23 x 4 = 92

$$\begin{array}{r} 2\ 3 \\ \times\quad 4 \\ \hline 9\ 2 \\ \hline 1 \end{array}$$

Pas 2 Troba el 5 % dividint el resultat del 10 % entre 2.
El 10 % de 230 = 23. 23 ÷ 2 = 11,5   El 5 % = 11,5

Pas 3 Troba l'1 % dividint el 10 % entre 10.
El 10 % de 230 = 23. 23 ÷ 10 = 2,3   L'1 % = 2,3

Pas 4 Suma el valor del 5 % i l'1 % per obtenir el 6 %.
11,5 + 2,3 = 13,8

Pas 5 Suma el valor del 40 % i el 6 % per obtenir el 46 %.
92 + 13,8 = 105,8

Descobrir percentatges: multiplicacions llargues

Trobar percentatges fent servir altres percentatges pot ser difícil (consulta la pàgina 76), sobretot pel gran nombre de passos que pot implicar. L'estratègia que descrivim tot seguit només consta de dos passos. És útil quan has de trobar percentatges complicats, com el 83 o el 67 %.

Pas 1 Fes una multiplicació llarga (consulta la pàgina 48). Exemple: quin és el 46 % de 230?

```
      2 3 0
  x     4 6
    1 3 8 0
    9 2 0 0
  1 0 5 8 0
```

CONSELL DE NINJA:
Recorda escriure el zero per mantenir la posició. Val més que l'escriguis a l'inici, així segur que no te l'oblides.

Pas 2 Divideix el resultat per 100.

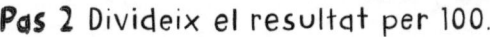

```
  1 0 5 8 0
  1 0 5 , 8 0
```

El 46 % de 230 = 105,80.

5 Les mesures

Les mesures: fets clau

Longitud
mil·límetre (mm) = una mil·lèsima part d'un metre
centímetre (cm) = una centèsima part d'un metre
quilòmetre (km) = mil metres

10 mil·límetres (mm) = 1 centímetre (cm)
100 centímetres (cm) = 1 metre (m)
1.000 metres (m) = 1 quilòmetre (km)

Pes
gram (g) = una mil·lèsima part d'un quilogram
quilogram (kg) = mil grams
tona (t) = mil quilograms

1 tona (t) = 1.000 quilograms (kg)
1 quilogram (kg) = 1.000 grams (g)

Volum
mil·lilitre (ml) = una mil·lèsima part d'un litre
litre (l) = mil mil·lilitres
quilolitre (kl) = mil litres

1 quilolitre (kl) = 1.000 litres (l)
1 litre (l) = 1.000 mil·lilitres (ml)

Diners: monedes i bitllets

Moneda europea

1 cènt. 2 cènt. 5 cènt. 10 cènt.

20 cènt. 50 cènt. 1 € 2 €

5,00 €

10,00 €

20,00 €

50,00 €

El canvi és la quantitat que et donen si hi ha una diferència entre el cost del que estàs comprant i els diners que dones en efectiu. Per calcular el canvi que et donen, només cal restar el cost del producte dels diners que fas servir per pagar.

Convertir euros en cèntims:

Hi ha 100 cènt. en 1 €, de manera que 1 € equival a 100 cènt. Centra't a convertir primer els euros i després els cèntims que hi ha darrere la posició decimal.

Exemple: en convertir 9,47 €, centra't en els 9 €, que equivalen a 900 cènt., i després en els 47 cènt. restants. Així doncs, tens 947 cènt.

CONSELL DE NINJA:

Quan treballes amb diners, pot ser que tinguis una xifra en cèntims i una altra en euros. Converteix els euros a cèntims per facilitar el càlcul dels resultats. Exemple: quant són 1,56 € + 79 cèntims? Converteix 1,56 euros a 156 cèntims. Ara pots sumar 156 + 79 = 235 cèntims. Torna a convertir-los a euros si cal: 2,35 €.

LES MESURES

GEOMETRIA

ESTADÍSTICA I MÉS

Temps: factors clau

Vocabulari del temps
mil·lisegon
segon
minut
hora
dia
setmana
quinzena
mes
any
dècada
segle
mil·lenni

Dies de la setmana
dilluns
dimarts
dimecres
dijous
divendres
dissabte
diumenge

Temps
1.000 anys = mil·lenni
100 anys = segle
10 anys = dècada
1 any = 12 mesos
1 any = 52 setmanes
1 any = 365 dies
1 quinzena = 14 dies
1 quinzena = 2 setmanes
1 setmana = 7 dies
1 dia = 24 hores
1 hora = 60 minuts
1 minut = 60 segons
mig minut = 30 segons

Mesos de l'any (amb els dies que tenen)
gener (31 dies)
febrer (28 dies / 29 dies en un any de traspàs)
març (31 dies)
abril (30 dies)
maig (31 dies)
juny (30 dies)
juliol (31 dies)
agost (31 dies)
setembre (30 dies)
octubre (31 dies)
novembre (30 dies)
desembre (31 dies)

Com diem l'hora

Per identificar les busques del rellotge: la de l'hora és la més curta i la dels minuts és la més llarga. Alguns rellotges tenen busca dels segons; sol ser llarga i prima, i veus com es mou. Els números (i les ratlles més llargues) fan referència a les hores. Les línies fan referència als minuts i els segons.

En punt És l'hora en punt si la busca dels minuts assenyala les 12 (han passat 0 minuts de l'hora). La busca de l'hora assenyala el número de l'hora. Les 24 hores del dia estan dividides en dos blocs de 12 hores.

Dos quarts Són dos quarts d'una hora si la busca dels minuts assenyala el 6 (han passat trenta minuts). La busca dels minuts és a mig camí del rellotge.
Un cop la busca dels minuts hagi passat dels dos quarts, llavors diem que «falten» minuts per a la propera hora.

Un quart / tres quarts 15 minuts són un quart de 60 i 45 minuts són tres quarts de 60; així doncs, «un quart» significa que han passat 15 minuts cap a la propera hora (la busca dels minuts assenyala el 3) i «tres quarts» significa que han passat 45 minuts cap a la propera hora (la busca dels minuts assenyala el 9).

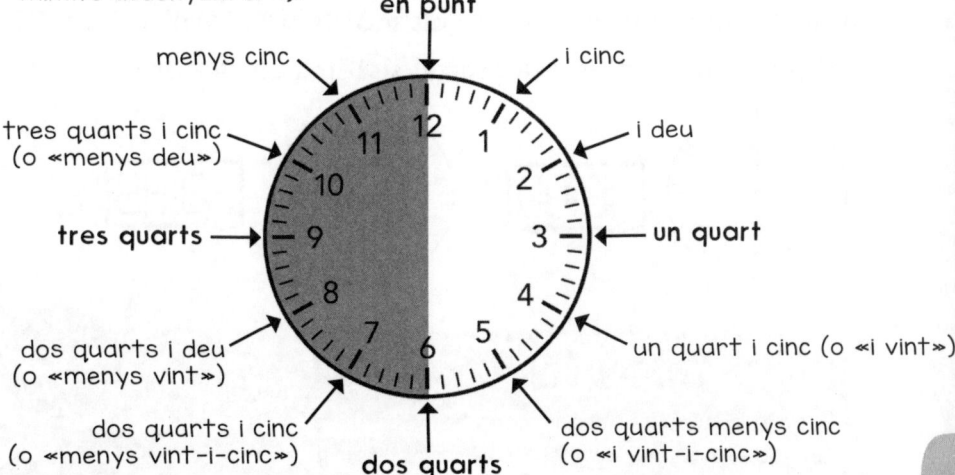

en punt

menys cinc

i cinc

tres quarts i cinc
(o «menys deu»)

i deu

tres quarts

un quart

dos quarts i deu
(o «menys vint»)

un quart i cinc (o «i vint»)

dos quarts i cinc
(o «menys vint-i-cinc»)

dos quarts menys cinc
(o «i vint-i-cinc»)

dos quarts

Com diem l'hora

El dia té 24 hores, però sovint el partim en dues meitats, abans i després de les 12 del migdia. Així doncs, a vegades parlem de les 10 del matí, si és abans de les 12 del migdia, i parlem de les 10 de la nit, si és després de les 12 del migdia. Un rellotge de 12 hores torna a començar després del migdia. Ara bé, els rellotges de 24 hores segueixen comptant igual a partir de les 12 del migdia, de manera que la 1 de la tarda són les 13 hores.

Els **rellotges analògics** fan servir busques per assenyalar les línies i els números de l'esfera del rellotge. Els **rellotges digitals** només fan servir números, com passa als mòbils o els ordinadors. Els rellotges digitals solen utilitzar el sistema de 24 hores.

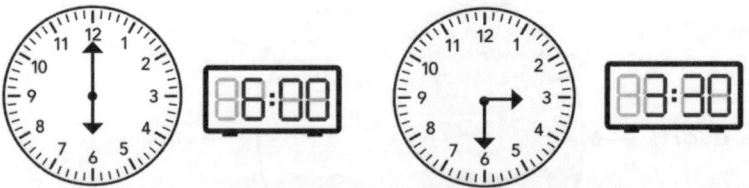

CONSELL DE NINJA:

Si multipliques el nombre de l'hora per 5 en un rellotge analògic, obtindràs el nombre de minuts.

Mesures amb el regle

Els regles es fan servir per mesurar distàncies o llargades en mil·límetres (mm) i centímetres (cm). Hi ha 10 mm en 1 cm. Els regles són molt útils, però és important fer-los servir bé.

Els centímetres estan marcats al regle amb un número i una línia més llarga que baixa cap avall. Hi ha 10 mm (mil·límetres) per a cada centímetre, i els mil·límetres estan marcats amb línies molt més curtes que no pas els centímetres.

A mig camí entre cada centímetre, hi ha una línia una mica més llarga: ens indica la meitat de cada centímetre, és a dir, 5 mm.

Per tal de mesurar amb exactitud amb un regle, és molt important que alineïs el punt del 0 del regle amb un dels extrems d'allò que vols mesurar.

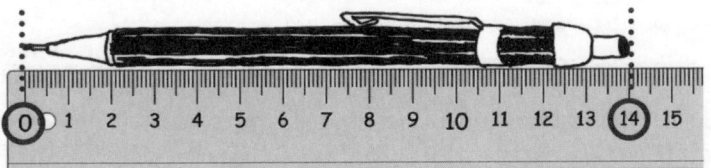

Llargada: conversió

És important que siguis capaç de convertir les unitats de longitud. Només cal pensar en la posició i multiplicar per 10, 100 i 1.000. És ben fàcil!

Conversió	Què cal fer	Exemple
quilòmetres (km) a metres (m)	x 1.000	6 km x 1.000 = 6.000 m
metres (m) a quilòmetres (km)	÷ 1.000	5.000 m ÷ 1.000 = 5 km
metres (m) a centímetres (cm)	x 100	15 m x 100 = 1.500 cm
centímetres (cm) a metres (m)	÷ 100	670 cm ÷ 100 = 6,7 m
metres (m) a mil·límetres (mm)	x 1.000	9 m x 1.000 = 9.000 mm
mil·límetres (mm) a metres (m)	÷ 1.000	1.400 mm ÷ 1.000 = 1,4 m
centímetres (cm) a mil·límetres (cm)	x 10	17 cm x 10 = 170 mm
mil·límetres (mm) a centímetres (cm)	÷ 10	420 mm ÷ 10 = 42 cm

CONSELL DE NINJA:

Recorda: En molts problemes matemàtics hi ha quantitats que estan en quilòmetres (km) i d'altres, en metres (m). Has de tenir sempre en compte que hauràs de convertir les quantitats per treballar amb la mateixa unitat de mesura.

Massa: mesures

Els quilograms (kg) i els grams (g) es fan servir per mesurar la massa d'un objecte. Sovint s'hi fa referència amb frases com «quant pesa alguna cosa» o «el seu pes». Recorda que 1.000 grams = 1 quilogram.

Hi ha balances que només pesen quantitats en grams. La balança indica pesos de 50, 100, 150, etc. És important calcular el valor de les unitats més petites que hi ha al mig. Si mires el segment que hi ha entre 0 i 50 i comptes en desenes, t'adonaràs que cada unitat més petita té un valor de 10 grams.

g = grams

Hi ha altres balances que indiquen els quilograms, amb deu unitats més petites entre cada marca. Com que hi ha 1.000 grams en un quilogram, cadascuna d'aquestes línies més curtes representa 100 grams.

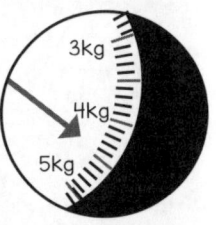

kg = quilograms

CONSELL DE NINJA:

Les mides que es mostren a les balances poden ser diferents. Així doncs, és important calcular quin valor tenen les unitats intermèdies. Això t'ajudarà a fer uns mesuraments més precisos.

Massa: conversió

És important que siguis capaç de convertir les unitats de massa. Només cal pensar en la posició i multiplicar per 10, 100 i 1.000. És ben fàcil!

Per convertir quilograms (kg) a grams (g) multiplica per 1.000. Per exemple, 6 kg x 1.000 = 6.000 g.

Per convertir grams (g) a quilograms (kg) divideix entre 1.000. Per exemple, 5.000 g ÷ 1.000 = 5 kg.

CONSELL DE NINJA:

Recorda: En molts problemes matemàtics hi ha quantitats que estan en quilograms (kg) i d'altres, en grams (g). Has de tenir sempre en compte que hauràs de convertir les quantitats per treballar amb la mateixa unitat de mesura.

Exemple: quant són 4,3 kg menys 670 g?
Converteix els 4,3 kg a grams: 4,3 kg x 1.000 = 4.300 g.
Ara és molt senzill restar 670 g de 4.300 g.

Volum i capacitat: mesures

El volum és la quantitat d'espai que ocupa un objecte.
La capacitat és la mesura de la propietat d'un objecte de contenir una substància, ja sigui sòlida, líquida o gasosa.

El volum i la capacitat es mesuren en litres (l), mil·lilitres (ml) i, a vegades, en centilitres (cl).

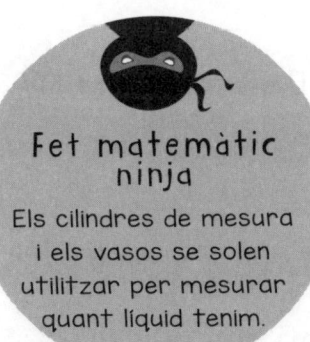

Fet matemàtic ninja

Els cilindres de mesura i els vasos se solen utilitzar per mesurar quant líquid tenim.

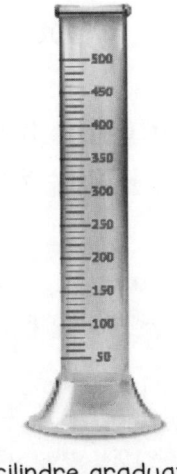

cilindre graduat

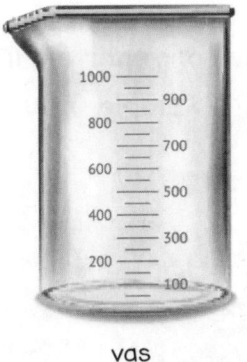

vas

1 litre = 1.000 ml. Les escales dels vasos i els cilindres de mesura varien: poden créixer en trams de 50 ml, 100 ml, 150 ml, etc. Recorda calcular el valor de les unitats més petites que hi ha entremig.

Volum i capacitat: conversió

És important que siguis **capaç** de convertir les unitats de volum o capacitat. Només cal pensar en el valor posicional i multiplicar i dividir per 10, 100 i 1.000. És ben fàcil!

Per convertir litres (l) a mil·lilitres (ml) multiplica per 1.000. Per exemple, 4 l x 1.000 = 4.000 ml.

Per convertir mil·lilitres (ml) a litres (l) divideix entre 1.000. Per exemple, 9.000 ml ÷ 1.000 = 9 l.

CONSELL DE NINJA:

En molts problemes matemàtics hi ha quantitats que estan en litres (l) i d'altres, en mil·lilitres (ml). Has de tenir sempre en compte que hauràs de convertir les quantitats per treballar amb la mateixa unitat de mesura.

Exemple: quant són 8,2 l menys 560 ml? Converteix els 8,2 l a ml: 8,2 x 1.000 = 8.200 ml. Ara és molt senzill restar 560 ml de 8.200 ml.

6 Geometria

Figures 2D

2D significa de dues dimensions. Les figures 2D són planes. Les figures 2D tenen dues dimensions: llargada i amplada.

Algunes figures 2D són **regulars**, cosa que vol dir que tots els costats tenen la mateixa longitud i que tots els angles interns són iguals.

Algunes figures 2D són **irregulars**, cosa que vol dir que els costats tenen longituds diferents i els angles interns no són iguals.

Els **polígons** són figures planes de dues dimensions amb costats rectes que s'uneixen entre ells. Aquí en tens exemples:

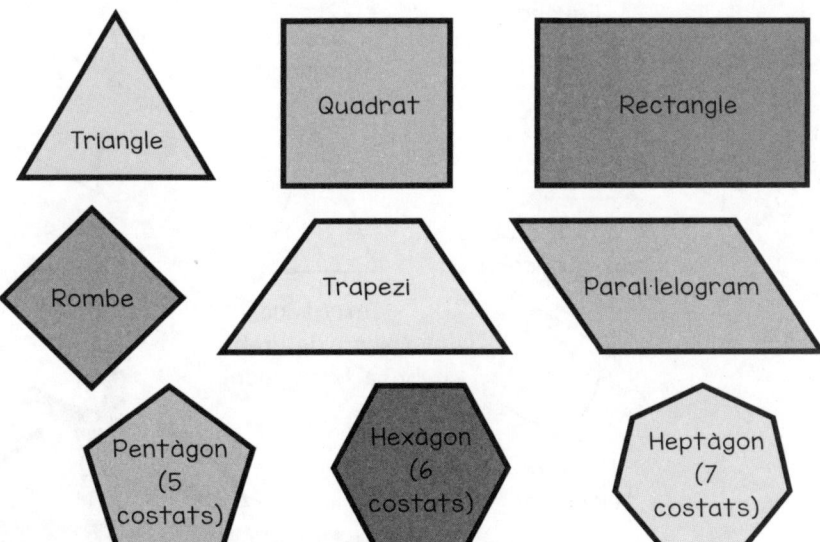

Triangle

Quadrat

Rectangle

Rombe

Trapezi

Paral·lelogram

Pentàgon (5 costats)

Hexàgon (6 costats)

Heptàgon (7 costats)

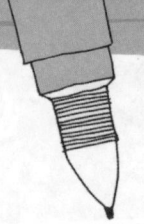

Figures 3D

3D significa de tres dimensions.

Les figures 3D tenen tres dimensions: llargada, amplada i profunditat. Les formes 3D tenen vèrtexs, cares i arestes.

Un **vèrtex** és una cantonada. El plural (més d'un) és vèrtexs.

Una **cara** és una superfície plana única.

Una **aresta** és una línia entre dues cares.

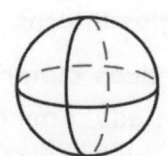

Esfera

Prisma
hexagonal

Con

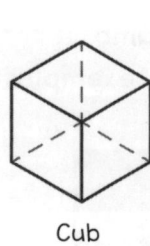

Cub

Piràmide amb
base quadrada

Tetraedre
(piràmide amb
base triangular)

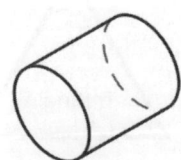

Cilindre

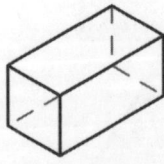

Cuboide

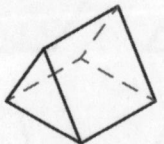

Prisma
triangular

10   20   30   40   50   60

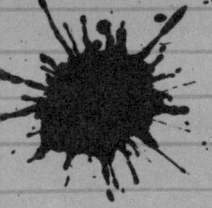

Càlcul del perímetre

El **perímetre** és la distància que hi ha al voltant dels costats d'una figura 2D. Per calcular el perímetre, només cal sumar les longituds de cada costat.

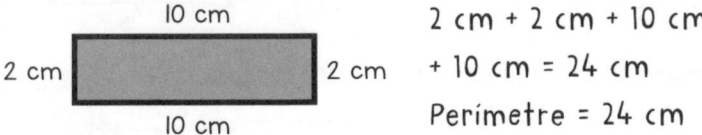

2 cm + 2 cm + 10 cm
+ 10 cm = 24 cm
Perímetre = 24 cm

Hi ha problemes més complexos que et demanaran calcular el perímetre de formes compostes (consulta la pàgina 94). Per calcular el perímetre d'aquestes figures, hauràs de sumar les longituds de tots els costats.

9 m + 8 m + 3 m + 3 m + 5 m +
4 m = 32 m. Perímetre = 32 m

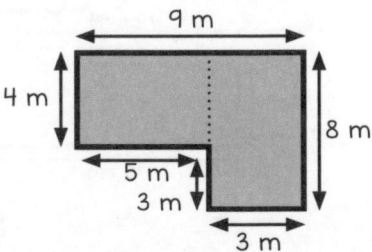

CONSELL DE NINJA:

Independentment del tipus de figura, el perímetre sempre és la suma total del valor de la longitud de cada costat.

GEOMETRIA

ESTADÍSTICA I MÉS

Perímetre: valors que falten

Calcular el perímetre és més difícil quan ens falta la longitud d'alguns costats. Per trobar el valor dels costats que ens falten, has de mirar les llargades que et donen.

Pas 1 Mira quines longituds falten i quines et donen.

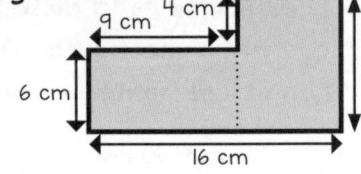

Pas 2 Comença amb les llargades horitzontals.

La longitud horitzontal més llarga és de 16 cm. Això vol dir que als 9 cm hi has d'afegir una quantitat per arribar als 16 cm.
16 cm = 9 cm + ?
La longitud que falta ha de ser 7 cm.

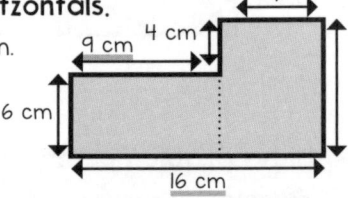

Pas 3 Ara fixa't en els costats verticals.

Et falta la longitud del costat més llarg.
La pots calcular si sumes 6 cm i 4 cm.
6 cm + 4 cm = 10 cm

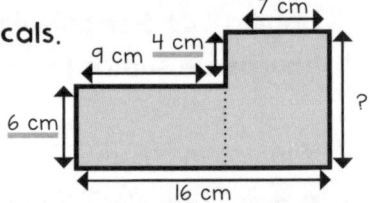

Pas 4 Ara fes la suma de totes les longituds.

El perímetre d'aquesta forma és:
7 cm + 10 cm + 16 cm + 6 cm + 9 cm + 4 cm = 52 cm.

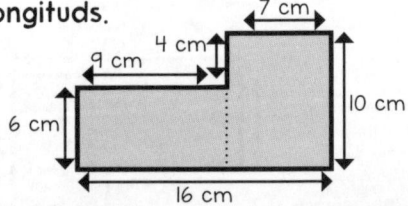

CONSELL DE NINJA:

Llevat que l'enunciat et digui que ho mesuris amb un regle, has de fer servir les longituds dels altres costats per calcular els valors que et falten (pot ser que les llargades no siguin exactes o que la figura no s'hagi dibuixat a escala en el full).

Àrea d'un rectangle/ paral·lelogram

L'àrea és la quantitat d'espai que hi ha dins del perímetre d'una figura 2D. Per calcular l'àrea d'un rectangle o d'un paral·lelogram, necessites seguir unes fórmules senzilles.

Fet matemàtic ninja

llargada (l) x alçada (a) = àrea d'un rectangle o paral·lelogram

Exemple de rectangle
llargada 5 cm x alçada 10 cm = àrea 50 cm²

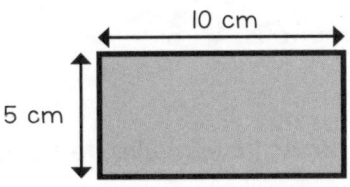

10 cm

5 cm

Per calcular l'àrea d'un paral·lelogram has de multiplicar l'amplada/base per l'alçada.

Exemple de paral·lelogram
8 m x 3 m = 24 m²

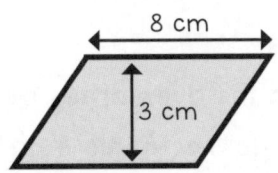

8 cm

3 cm

Fet matemàtic ninja

L'àrea es mesura en cm², m² o km².

CONSELL DE NINJA:

Normalment, en els problemes matemàtics les àrees no estan a escala: pot ser que diguin que un costat fa 10 cm, però que no faci 10 cm de veritat. Així doncs, no facis servir un regle per resoldre aquests problemes.

Àrea d'una forma composta

Una forma **composta** està feta de diverses figures. Per descobrir l'àrea d'una forma composta l'has de dividir en parts més petites.

Pas 1

Per descobrir l'àrea d'aquesta forma, divideix-la en dos rectangles. Anomena'ls A i B.

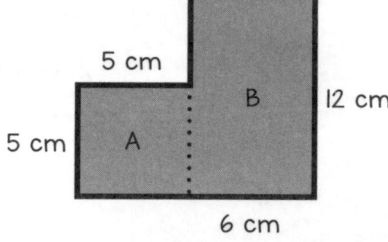

Pas 2

Fes servir la fórmula de llargada x amplada per descobrir l'àrea de cada rectangle.

Rectangle A: llargada 5 cm x amplada 5 cm = àrea de 25 cm²
Rectangle B: llargada 12 cm x amplada 6 cm = àrea de 72 cm²

Pas 3

Suma les dues àrees per obtenir l'àrea total.

Àrea del rectangle A de 25 cm² + àrea del rectangle B de 72 cm² = àrea total de 97 cm²

CONSELL DE NINJA:

Hi ha formes que potser s'han de dividir en 3 o fins i tot en 4 rectangles més petits per calcular-ne l'àrea. Aplicarem la mateixa estratègia: calcularem l'àrea de cada rectangle més petit i, després, sumarem les àrees de tots els rectangles.

Àrea d'un triangle

Per calcular l'àrea d'un triangle has de multiplicar l'amplada/base per l'alçada perpendicular del triangle (en un angle recte o de 90°) i, després, dividir el total per la meitat. És com calcular l'àrea d'un rectangle i llavors partir-la per la meitat.

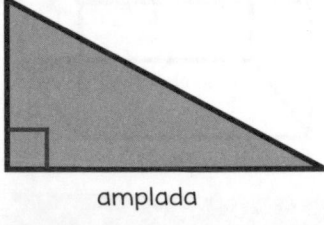

alçada

amplada

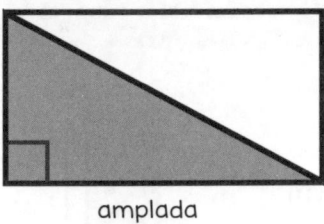

alçada

amplada

Fet matemàtic ninja

l'àrea d'un triangle = llargada x alçada ÷ 2 (meitat)

Exemple 1

8 cm x 4 cm = 32 cm²

32 ÷ 2 = 16 cm²

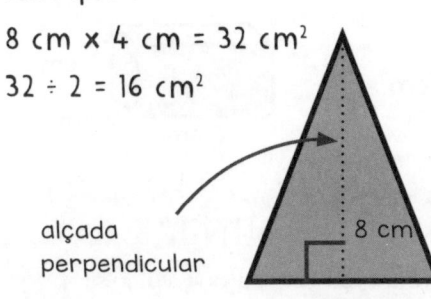

alçada perpendicular

8 cm

4 cm

Exemple 2

6 cm x 10 cm = 60 cm²

60 ÷ 2 = 30 cm²

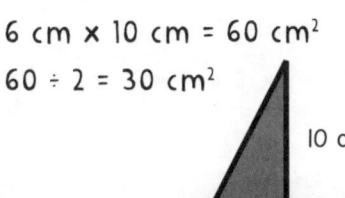

10 cm

6 cm

ESTADÍSTICA I MÉS

Volum d'un cuboide

El volum d'un cuboide 3D mesura l'espai que la forma agafa o ocupa. El volum es mesura en la (unitat) al cub, és a dir, 36 cm³, 2,6 cm³, 57 cm³.

Fet matemàtic ninja

Per calcular el volum d'un cuboide has de fer servir aquesta senzilla fórmula:

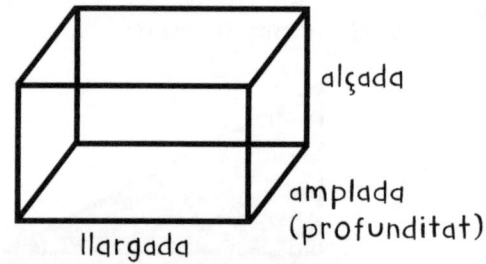

alçada

amplada (profunditat)

llargada

llargada x amplada x alçada = volum d'un cuboide

Exemple 1

12 cm x 5 cm x 4 cm = 240 cm³

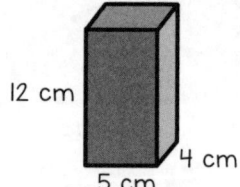

12 cm

4 cm

5 cm

Exemple 2

8 cm x 3 cm x 2 cm = 48 cm³

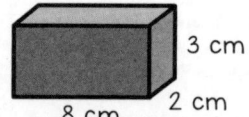

3 cm

2 cm

8 cm

CONSELL DE NINJA:

Pots calcular el volum en l'ordre que vulguis. L x a x A, a x L x A, A x L x a. Ho facis com ho facis, sempre obtindràs el mateix resultat.

Angles: rectes i aguts

Un **angle recte** mesura exactament 90 graus. Podem veure molts exemples d'angles rectes en el nostre dia a dia, com ara la cantonada d'una taula o d'aquest llibre.

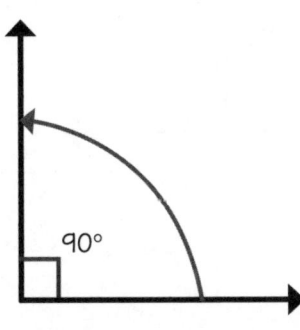

90°

Els angles rectes se solen representar amb un quadradet a la cantonada. Si veus aquest dibuix, vol dir que l'angle fa 90 graus.

Els quadrats i els rectangles tenen quatre angles rectes.

Un **angle agut** mesura menys de 90 graus.

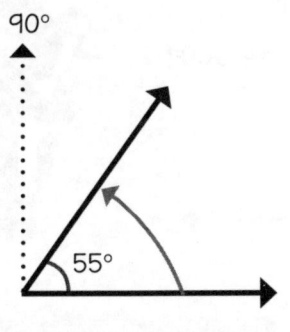

90°

55°

Una manera fàcil de recordar què és un angle agut és pensar que és un angle punxEGUT.

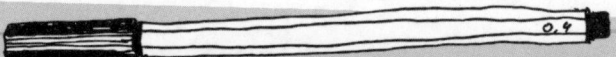

Angles: obtús, línia recta, reflex i gir complet

Un **angle obtús** mesura
més de 90 graus i menys
de 180 graus.

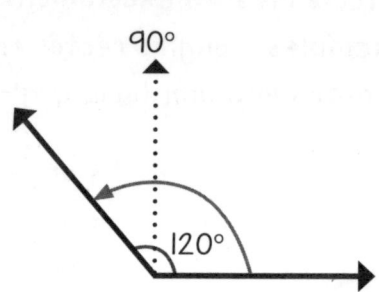

Un **angle pla** mesura 180 graus.

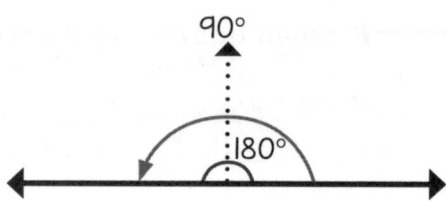

Un **angle reflex** sempre fa més de 180°
(la meitat d'un cercle), però menys de 360°
(un cercle sencer).

Angles: com fer servir el transportador

Un **transportador** mesura els angles.

Pas 1 Assegura't que el punt central del transportador està situat al vèrtex (el punt en què les dues línies s'ajunten i formen l'angle).

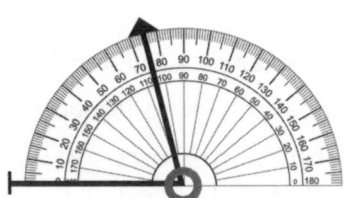

Pas 2 Mantingues el punt central al vèrtex i col·loca una de les línies del 0 del transportador a sobre d'un costat de l'angle.

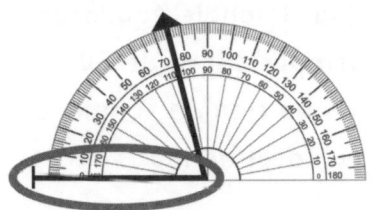

Pas 3 Fixa't quants graus hi ha des de la línia del zero fins a l'altre costat de l'angle.

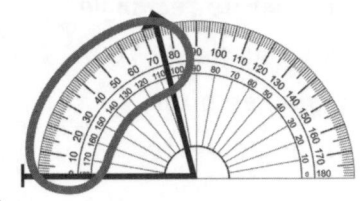

Pas 4 Llegeix amb compte el número que indica el transportador per mesurar l'angle amb exactitud.

CONSELL DE NINJA:

Prova de fer girar l'angle que mesures en un full de manera que un dels costats quedi en horitzontal al teu davant.

CONSELL DE NINJA:

Si els costats d'un angle són curts i et costen de mesurar, fes servir un regle per allargar-los més enllà del transportador.

Tipus de triangles

Fet matemàtic ninja

Els angles d'un triangle sempre sumen 180°.

Un **triangle equilàter** té els costats de la mateixa llargada i els tres angles interiors iguals. Els tres angles de dins d'un triangle equilàter sempre seran de 60°, ja que han de sumar un total de 180°.

60°

60° 60°

Aquestes ratlles indiquen que els costats són iguals.

Un **triangle rectangle** té un angle de 90 graus, és a dir, un angle recte.

Un **triangle isòsceles** té dos costats de la mateixa llargada i dos angles iguals.

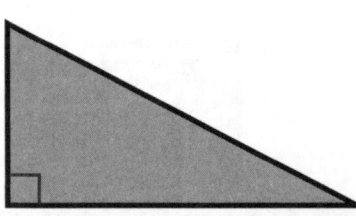

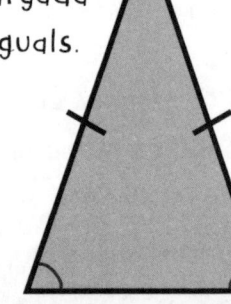

CONSELL DE NINJA:

Les ratlles que hi ha als costats del triangle de dalt ens indiquen que aquests costats tenen la mateixa llargada.

Rectes: paral·leles, perpendiculars i secants

Les **rectes paral·leles** mantenen la mateixa distància l'una de l'altra al llarg de tota la seva longitud.

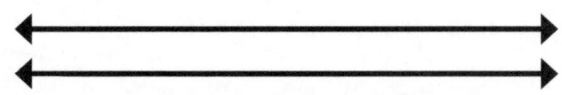

Les **rectes perpendiculars** es creuen formant quatre angles rectes (90°).

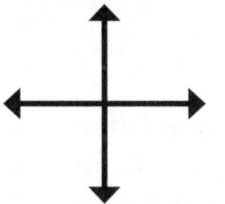

Les **rectes secants** es creuen l'una amb l'altra. El punt en què es creuen les rectes s'anomena *punt d'intersecció.*

CONSELL DE NINJA:

Calcular els angles de les rectes secants és senzill si recordes que hi ha 360° al voltant del punt d'intersecció. Els angles plans (180°) es poden calcular fàcilment restant els graus dels angles que coneixem de 180. Consulta la pàgina 102.

Com calculem els angles que falten

Si tens en compte el que ja saps sobre les propietats de les figures i els angles, trobar els angles que falten és prou senzill.

Angles que falten en un triangle:

Primer, recorda que els angles d'un triangle sumen 180°. Resta els graus dels dos angles que coneixes de 180° per trobar l'angle que et falta.

Exemple: 52 + 68 = 120
180 - 120 = 60
d = 60°

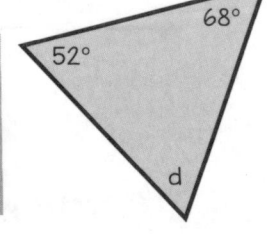

CONSELL DE NINJA:
Els angles que falten són fàcils de calcular en els triangles isòsceles perquè tenen dos angles iguals.

Angles que falten en un gir complet:

Primer, recorda que un gir complet té 360°.
Suma els angles que coneixes i després resta el resultat de 360° per trobar l'angle que et falta.

Exemple: 130 + 90 = 220
360 - 220 = 140
x = 140°

CONSELL DE NINJA:
Intenta trobar altres símbols que representen un angle específic, com ara el quadradet que indica que l'angle és recte (90°).

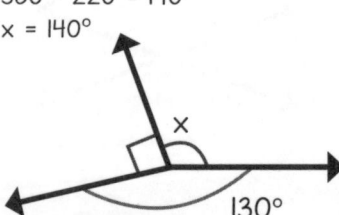

Angles que falten en una recta:

Recorda que els angles d'una recta sumen 180°. Resta els graus de l'angle que coneixes de 180° per trobar l'angle que et falta.

Exemple: 180 - 142 = 38
x = 38°

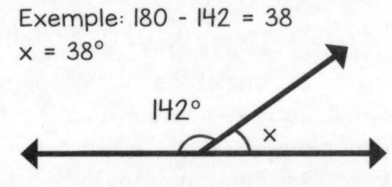

Rectes de simetria

Quan alguna cosa és simètrica, té dues meitats iguals. Pots comprovar si una forma és simètrica traçant una recta de simetria al mig i mirant si les dues meitats són idèntiques. Al nostre voltant hi ha molts objectes simètrics.

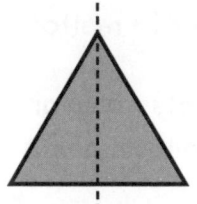 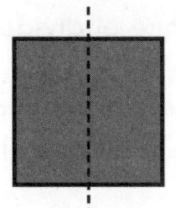 

En la simetria, la recta discontínua que passa pel centre sol representar una superfície que reflexa la imatge, i la part de l'esquerra n'és el reflex.

La reflexió es dona en canviar la posició d'una figura com si estigués reflectida en un mirall. La figura pròpiament no canvia. Primer has d'identificar les cantonades de la figura. D'una en una, mesura la distancia des de la recta de simetria fins a cada cantonada.

Després, mesura la mateixa distància a la banda de la reflexió i marca la posició reflectida. Finalment, uneix les cantonades.

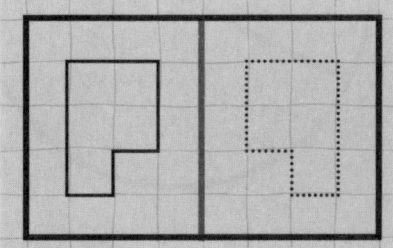

Cercles: diàmetre, radi i circumferència

El radi és la distància que hi ha des del centre d'un cercle fins a la línia que el delimita. Pots calcular el radi si saps el diàmetre: només cal que el divideixis per la meitat.

El diàmetre travessa el cercle pel mig. El pots calcular si coneixes el radi. Només cal que el multipliquis per 2.

La circumferència és la línia que delimita el cercle.

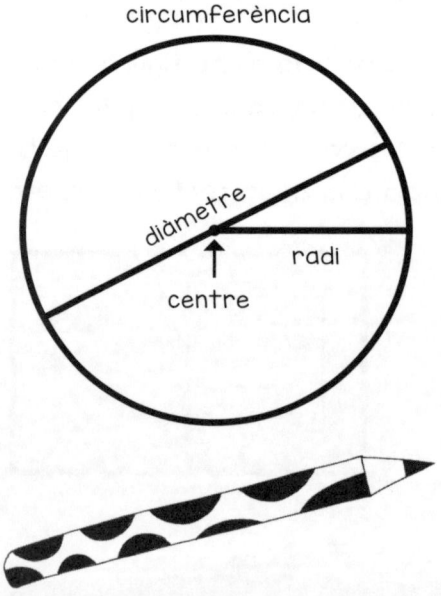

CONSELL DE NINJA:

Els problemes matemàtics solen fer servir cercles en els diagrames de pastís i en els problemes relacionats amb els angles. Recorda que un cercle és un gir sencer de 360°.

Girs i rotació

Quan treballis els girs, recorda el que saps sobre les fraccions, les meitats i els quarts, així com sobre els angles de 360°, 180° i 90°.

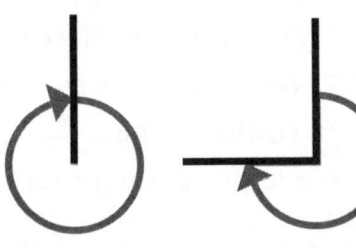
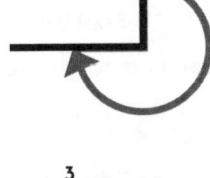

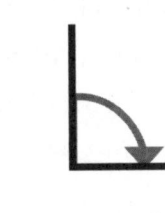

1 gir són 360°.	$\frac{3}{4}$ de gir són 270°.	$\frac{1}{2}$ gir són 180°.	$\frac{1}{4}$ de gir són 90°.

Girar en el sentit de les agulles del rellotge significa anar en el sentit que giren les busques d'un rellotge.

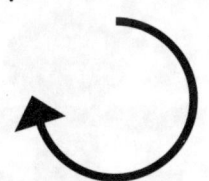

Girar en el sentit antihorari significa anar en el sentit contrari al que giren les busques d'un rellotge.

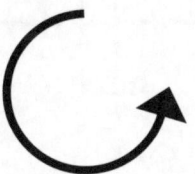

Les coordenades

Les gràfiques tenen dos eixos: l'eix x i l'eix y. L'**eix x** va d'esquerra a dreta: és horitzontal. L'**eix y** va de dalt a baix: és vertical.

Les **coordenades** indiquen on se situa un punt en una gràfica mitjançant números escrits entre parèntesis (x, y), per exemple (1, 3). Les coordenades es fan servir per marcar o situar un punt en una gràfica. El primer número és el de l'eix x i correspon a la posició horitzontal. El segon número és el de l'eix y i correspon a la posició vertical.

Per traçar coordenades, primer comptem horitzontalment en l'eix x a partir del zero i després, des d'aquesta posició, comptem verticalment seguint els números de l'eix y.

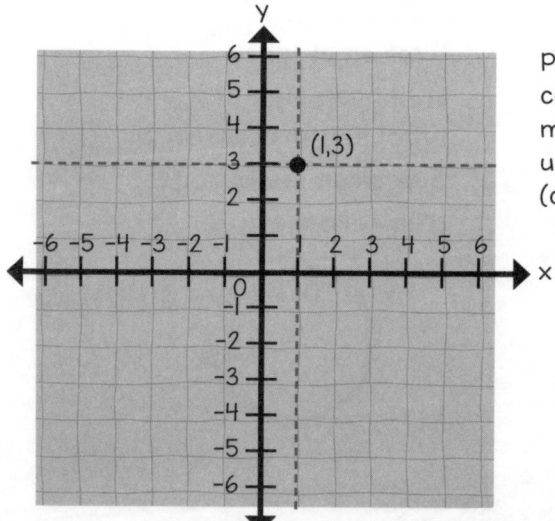

Pots fer servir les coordenades per mostrar reflexions en una recta de simetria (consulta la pàgina 103).

Estadística i més

Taules i gràfiques

Les taules i les gràfiques es fan servir per representar dades.

Els **pictogrames** fan servir una imatge per representar un nombre. A l'exemple, cada cercle equival a 6. Així que has de comptar de sis en sis. Mig cercle equival a 3, perquè 3 és la meitat de 6.

⬤ = 6 punts

Equip esportiu	Nombre de punts
Vermells	⬤⬤◖
Blaus	⬤⬤⬤
Grocs	⬤⬤⬤◖

Els grocs tenen 6 + 6 + 6 + 3 = 21 punts.

Les **taules de comptatge** són una manera senzilla d'anotar nombres fent servir ratlletes. El comptatge es fa de cinc en cinc, en grups de quatre ratlles verticals i una cinquena en diagonal, que les ratlla. Una ratlleta significa una unitat de valor.

Animal		Comptatge	Nombre
Cuc	🪱	卌 卌 II	12
Fromiga	🐜	卌 卌 卌 卌 卌 II	27
Llimac	🐌	III	3

ESTADÍSTICA I MÉS

Taules i gràfiques

Els **diagrames de pastís** representen
les dades fent servir cercles
dividits en parts (segments).
El cercle representa el total.
La mida de cada segment
mostra quina part del total
correspon al segment.

Activitats preferides

☐ dormir   ■ menjar
■ llegir   ■ jugar

Nombre total de persones: 24

Aquest segment és una meitat.
Així que a la meitat del total de
24 persones els agrada més jugar.
Això són 12 persones.

Els **diagrames de barres** representen les dades fent servir blocs
o barres verticals. Els noms de sota et diuen el que mostra
el diagrama. La part de dalt de cada diagrama de barra està
alineada amb una xifra de l'eix y. El nombre indica la quantitat
que representa la barra.

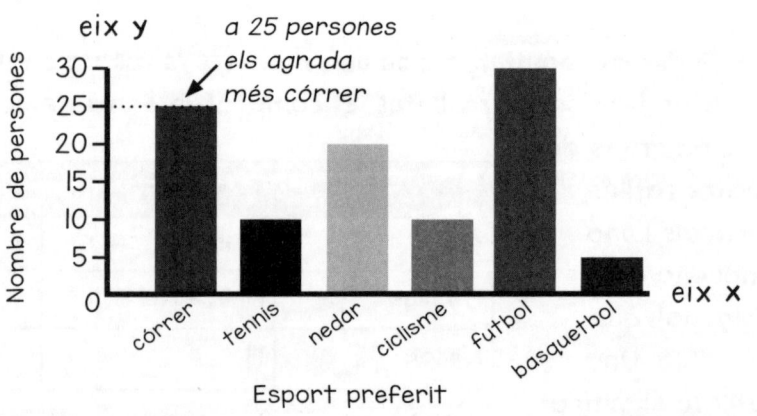

eix y   a 25 persones
els agrada
més córrer

Nombre de persones

Esport preferit

Mitjanes: mitjanes aritmètiques, modes, medianes i amplitud

Pot ser que et demanin calcular la mitjana d'un conjunt de nombres. Les mitjanes es poden indicar de quatre maneres diferents: la **mitjana aritmètica**, la **moda**, la **mediana** i l'**amplitud**.

Exemple de conjunt de nombres: 1, 3, 3, 5, 6, 7, 10.

Mitjana aritmètica Per calcular la mitjana aritmètica, suma tots els nombres del conjunt de dades i divideix el resultat per la quantitat de nombres que hi ha al conjunt.

1 + 3 + 3 + 5 + 6 + 7 + 10 = 35   35 ÷ 7 = 5   Mitjana aritmètica = 5.

Moda La moda és el nombre que succeeix més vegades o el més freqüent dins del conjunt de dades.

1, **3, 3**, 5, 6, 7, 10

El 3 succeeix dues vegades, els altres nombres només una. Moda = 3.

Mediana La mediana és el nombre del mig en una llista ordenada de més petit a més gran o de més gran a més petit.

1, 3, 3, **5**, 6, 7, 10   Mediana = 5.

Amplitud L'amplitud és la distància que hi ha entre el nombre més petit i el més gran del conjunt de dades.

1, 3, 3, 5, 6, 7, 10   Més petit = 1 i més gran = 10.   10 − 1 = 9.
Amplitud = 9.

Ràtio i proporció

La **ràtio** és la quantitat d'una cosa que hi ha en relació amb una altra cosa.

Exemple: «Per cada 30 alumnes, tenim 1 professor».

La **proporció** és la quantitat d'una cosa en comparació amb el total.

Exemple: «En un grup de 5 ninges, hi ha 1 ninja més petit».

La ràtio i la proporció se solen utilitzar a les receptes. Estan relacionades amb les fraccions, els percentatges i les mesures.

Exemple de ràtio: Vols fer suc de grosella negra.
Necessites 1 part de puré i 6 parts d'aigua.
Això significa que la ràtio del puré respecte de l'aigua és d'1 : 6.

Exemple de proporció: Un pastís està dividit en 8 trossos. Si una persona se'n menja 2, quina proporció del pastís s'ha cruspit?
Pots fer servir les fraccions.
S'ha menjat $\frac{2}{8}$ dels trossos o $\frac{1}{4}$.
També ho podries representar en percentatges: se n'ha menjat un 25 %.

Àlgebra

L'àlgebra fa servir lletres per representar valors que falten i que intentem esbrinar. Això és útil quan volem trobar angles o longituds que no tenim. També va molt bé per trobar els valors que falten en diagrames de pastís o altres dades.

Exemple: $4 + ? = 12$
Podem substituir ? per una lletra, com ara la x.
$4 + x = 12$

Podem reescriure aquesta expressió de manera que tinguem els números que coneixem en una banda del signe igual i la x desconeguda a l'altra banda.
$4 + x = 12$
$x = 12 - 4$
$x = 8$

Glossari

2D / de dues dimensions: que té dues dimensions: llargada i amplada.

3D / de tres dimensions: que té tres dimensions: llargada, amplada i profunditat.

Àrea: la quantitat d'espai que hi ha dins una figura 2D.

Capacitat: la quantitat màxima que pot contenir un objecte.

Commutatiu: quan pots reordenar les parts d'una suma i el resultat és el mateix

(funciona per a la + i la x).

Cub: nombre multiplicat per si mateix dues vegades.

Denominador: el nombre de sota d'una fracció; ens indica en quantes parts iguals està dividit el total.

Diferència: el resultat quan es resta un nombre d'un altre.

Dígit: nombre del 0 al 9.

Dividend: nombre que és dividit per un altre.

Divisor: nombre que en divideix un altre.

Enter: un nombre sencer

Factor: un nombre que en divideix un altre sense residu.

Forma composta: forma feta de dues o més figures.

Forma irregular: té els costats i els angles de mides diferents.

Forma regular: té els costats i els angles de la mateixa mida.

Fracció: representa les parts d'un total.

Fracció impròpia: té el numerador més gran que el denominador.

Fracció pròpia: té el numerador més petit que el denominador.

Fraccionament: divisió d'un nombre en parts més petites.

Fraccions equivalents: són iguals en valor, amb numeradors i denominadors diferents.

Minuend: nombre del qual en restem un altre.

Múltiple: el que obtens en multiplicar un nombre per un enter.

Nombre compost: que té més de dos factors.

Nombre mixt: un nombre enter i una fracció.

Nombre primer: només és divisible per 1 i per si mateix.

Numerador: el nombre de dalt d'una fracció; ens indica quantes parts iguals del total hi ha.

Operació: una acció com sumar, multiplicar o dividir.

Operador: és un símbol que ens indica una operació, p. ex. + o x.

Perímetre: la distància al voltant dels costats d'una forma 2D.

Producte: el total de dos o més nombres que es multipliquen.

Quadrat: el total d'un nombre multiplicat per si mateix.

Quocient: el resultat quan un nombre és dividit per un altre.

Residu: quantitat que queda després d'haver dividit un nombre.

Simetria: quan una forma té dues meitats que coincideixen.

Subtrahend: nombre que es resta d'un altre.

Suma: el total d'agregar dos o més nombres.

Sumand: nombre que s'afegeix a un altre.

Valor posicional: el valor d'un dígit segons el lloc o la posició que ocupa en un nombre.

Vincles numèrics: parelles de nombres que sumen un nombre determinat.

Volum: la quantitat d'espai que ocupa un objecte.